最新のスポーツ科学で強くなる!

後藤一成 Goto Kazushige

★——ちくまプリマー新書
468

目次 * Contents

第2章　リカバリー・コンディショニング編……77

第3章　**栄養補給編──ニュートリション**

はじめに

この本を手に取ってくださりありがとうございます。タイトルに含まれる「最新のスポーツ科学」と聞くと、最先端のトレーニング機器を用いた「魔法のトレーニング」をイメージされるかもしれません。また、「最新のスポーツ科学」はオリンピックを目指す一部のスポーツ選手に関係するもので、部活動には活用できないと思われるかもしれません。しかし、「最新のスポーツ科学」とは「魔法のトレーニング」ではありません。また、一部の方々にのみ役立つものでもなく、子どもから大人まで、スポーツに取り組むあらゆる方々に応用できる身近なものです。

私自身、子どもの頃から多くのスポーツに取り組んできました。その中で、腕立て伏せ、懸垂《けんすい》、馬跳び、シャトルラン、長距離走、筋力トレーニング、ロープ登りなど様々なトレーニングを経験しました。朝練、2部練習、合宿、寒稽古も経験しました。また、身体を大きくしようとお茶碗《ちゃわん》に山盛りのご飯を食べ、筋力トレーニングの後にはプロテインを飲むなど、自己流で工夫をしてきました。ただ、当時は、効果的なトレーニング方法、食事や休息の取り方などの指導を受ける機会はありませんでした。今のようにスマートフォンで情報を得ることもできませんでしたので、図書館に行き、関連する本を何冊も借りて自己流で勉強したことをよく覚えています。それから、時は流れ時代は変わりましたが、私が子どもの頃（昭和・平成）に取り組んでいたトレーニングや食事の取り方と現在（令和）のスポーツ選手が取り組んでいる内容には、それほど大きな違いはないと感じます。

その一方、スポーツ科学の研究はめざましい発展を遂げました。「乳酸はエネルギー源である」「軽い重さでゆっくりと筋力トレーニングを行うと筋肉量が増える」「運動後には食欲が低下するが、身体を冷却すると食欲が回復する」「鉄は朝に摂取した方が良い」「運動をすると筋肉から身体に良い物質が放出される」……これらはすべてスポーツ科学の研究によって明らかになった新事実です。けれども、次々と発見された新事実は、グラウンドや体育館で日々行われる練習やトレーニングにすべては反映されていないようです。現に、「研究とスポーツ現場のギャップ」という言葉を今でも耳にします。

なぜでしょうか?

私は大学（スポーツ健康科学部）で「トレーニング科学」という授業を担当しています。毎年200名を超える受講生が大教室に集まり、集中して熱心にメモを取りながら授業を受けてくれています。授業の最後には毎回、コメントシートを提出してもらうのですが、「授業が面白かった」「新しい情報にワクワクした」というコメントに加えて、「この（授業の）内容を高校生の頃に知りたかった」「この内容を知っていれば、もっと強くなれたかもしれない、怪我《けが》を防げたかもしれない」という多くのコメントを目にしています。また最近では、「現役当時、休息の大切さを学ぶことができていればもう少し良い選手になれたかもしれない。自分は当時に戻れないが、学んだことを後輩や自分と同じ悩みをもっている人に話をしたい」といった、思わず言葉を失うコメントもありました。スポーツに取り組む学生、指導者、そして、子ども達を間近で見守る親……私達が知りたいのは「勝つにはどうすれば良いのか?」ではなく、「怪我を防ぎ、ココロもカラダも元気な状態で強くなるにはどうすれば良いのか?」という点でしょう。スポーツ科学の世界で生きる研究者の一人として、「大学で教えてきたスポーツ科学を世の中に広く発信しなければいけない」「研究から明らかになった事実は、悩みを抱えるスポーツ選手や指導者に役立つはずだ」という想《おも》いが年々強くなりました。これらが本書(『最新のスポーツ科学で強くなる!』)を執筆しようと思った理由です。

この本では、「トレーニング編」「リカバリー・コンディショニング編」「栄養補給編」の3つにわけて「最新のスポーツ科学」から得られた情報を解説しています。「トレーニング」や「栄養」のみの内容にしなかったのは、「トレーニング」「栄養」「コンディショニング(休息)」は独立したものではなく、お互いに関連をしているからです。どれだけ合理的な素晴らしいトレーニングを行っていても、栄養や休息に注意を払っていなければ、大きな効果を期待できません。また、この本の内容は「私の主観(感覚)」ではなく、スポーツ科学における信頼性の高い200以上の研究論文に基づいています。これらをできる限りわかりやすく、図やイラストを使いながら第1講〜第30講としてまとめました。

第1講から順に読み進める形でも、ご自身の興味のあるトピックから読み始める形でも問題ありません。「最新のスポーツ科学」を楽しみ、そして驚きながら、この本を通して得た情報を日々のスポーツ活動や指導にご活用いただければ、これほど嬉《うれ》しいことはありません。

それでは、「最新のスポーツ科学の扉」を開けてみましょう！

第1章

トレーニング編

第1講　筋トレは重いバーベルで行った方が良い？

筋力トレーニング（レジスタンストレーニング）は、スポーツの競技力向上のために幅広く活用されています。読者の皆さんの中でも、筋力トレーニングを実施されている方はいらっしゃるでしょう。また、インターネットで検索をすると、多種多様なトレーニング方法に関する情報を入手することができます。しかし、これら数多くの情報の中で、「結局、どの方法を使えば良いのか？」と疑問に感じる方も多いと想像します。

筋力トレーニングの実施方法は、「最大筋力を増やす方法」と「筋肉量を増やす方法」の2つに区別されます。最大筋力とは「発揮できる最大の力の大きさ」を示します。学校の体力テストにおいて、握力や背筋力を計測しますが、これらの測定では「最大筋力」を評価しています。最大筋力を高めることは、スポーツで力強いプレーを実現する上でも大切です。一方、筋肉量は「筋肉のサイズ」を示します。病院にあるＭＲＩ（磁気共鳴画像装置）や超音波診断装置を使用すると、筋肉の断面積（筋肉を輪切りにした時の面積）や筋肉の厚さを評価することが可能です（写真1）。私が勤務する立命館大学ス

写真１　研究で使用するMRI装置（上）、および超音波診断装置（下）

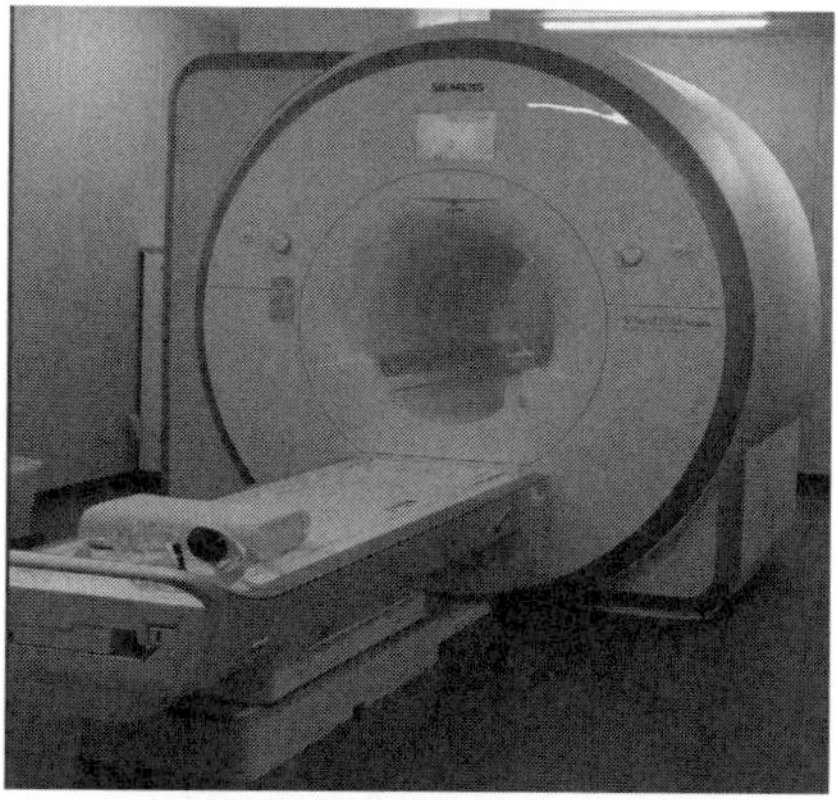

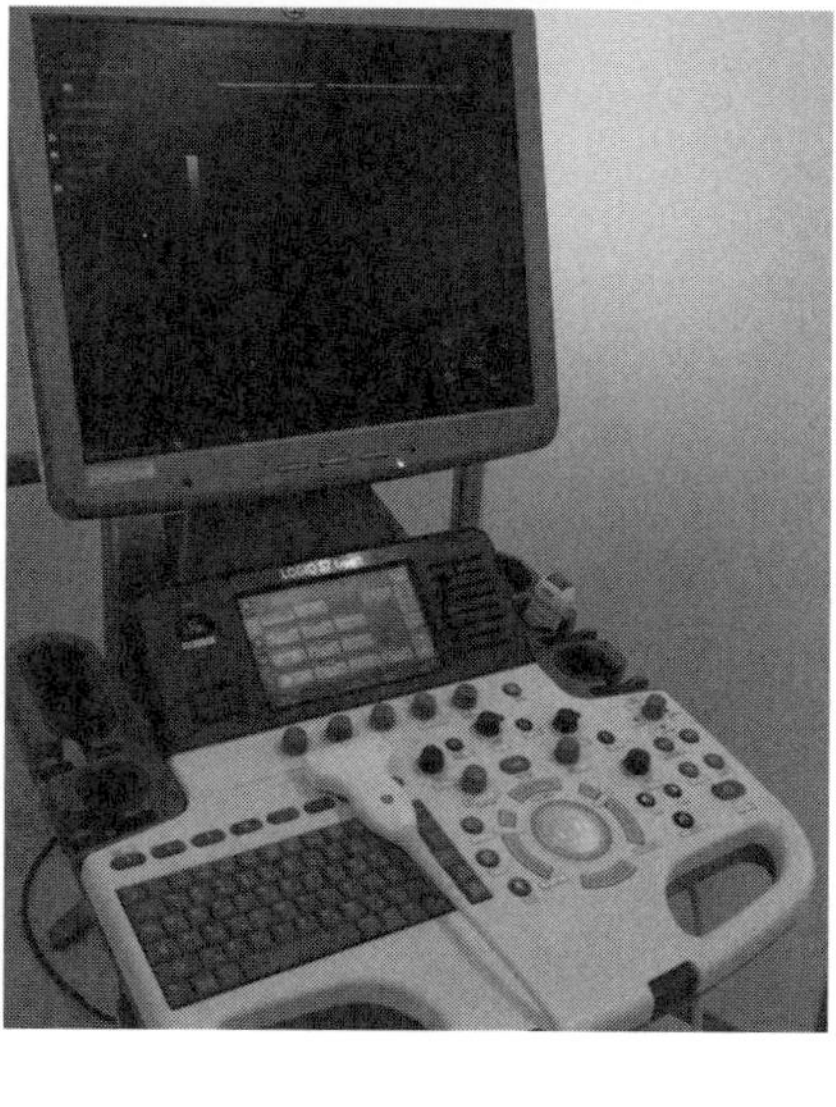

ポーツ健康科学部においても、これらの装置を用いてスポーツ選手や高齢者の筋肉量を測定しています。

最大筋力を増やす筋力トレーニングの方法は「**最大筋力型**」、筋肉量を増やす筋力トレーニングの方法は「**筋肥大型**」と呼ばれます。最大筋力型の筋力トレーニングの特徴は、「**重い重量で、少ない回数の反復を行う**」ことです。具体的には、1回のみ挙上できる最大重量（最大挙上重量）の85〜100％程度の重量（1〜6回程度の反復が可能）での運動を1セットとして、セット間に3分程度の休息を挟んで3セット程度繰り返します。これに対して、筋肥大型による方法では、最大挙上重量の70〜80％程度の重量（8〜12回程度の反復が可能）での運動を1セットとして、セット間に0〜2分程度の短い休息を挟んで3セット程度繰り返します。筋肥大型による方法では、**最大筋力型による方法と比較して、やや軽い重量を使う**点がポイントです（表1）。そして、筋肥大型による筋力トレーニングを週に2〜3日・2ヶ月程度継続すると、腕や脚の筋肉量が増加します。また、それに伴い、最大筋力も増加します。「筋肉量を増加させるには、重い重量を使った方が良いのではないか？」と感じるかもしれませんが、必ずしもその通

表1　最大筋力型と筋肥大型による筋力トレーニング

	使用重量	回数	セット間の休息時間
最大筋力型	最大挙上重量の85%以上	1〜6回	3分程度
筋肥大型	最大挙上重量の70〜80%	8〜12回	0〜2分程度

セット数は1種目あたり3セット程度とする

CHECK! 最大筋力型は重い重さで少ない回数、筋肥大型は最大筋力型に比べやや軽い重量を使用しましょう。

りではありません。これが「トレーニング科学」の面白い所です。

筋肥大型による筋力トレーニングでは、毎回のトレーニング終了時には脚や腕の筋肉が「パンパンに張った状態」となります。「筋肉が増えた！」と喜ぶ方もいますが、これは一時的な筋肉の張りであり、その正体は筋肉内に溜《た》まった水分量の増加です（残念ながら、1回の筋力トレーニングで筋肉量は増えません）。一方、この際、筋肉の中では重要な反応が起こっています。それは、「乳酸の発生」です。乳酸は「疲労を引き起こす悪者」と長年考えられてきましたが、スポーツ科学の研究によって必ずしも「悪者」ではないことが明らかになりました。

たとえば、筋肥大型の筋力トレーニング時に**筋肉に乳酸が溜まるとその信号が筋肉から脳に伝わり、脳から成長ホルモンが放出される**のです。成長ホルモンは、筋肉の成長を促してくれる重要な役割をもっています。このように、最大挙上重量の70〜80％程度の重量（8〜12回程度の反復が可能）を用いて、セット間の休息を短く（0〜2分程度）する「筋肥大型による筋力トレーニング」は、筋肉での乳酸の蓄積を促し、成長ホルモンの増加にきわめて有効です。逆に、セット間の休息が長い（3分以上）場合には、休息中に筋肉内の乳酸が除去されてしまいますので、脳から放出される成長ホルモンの量が激減します（図1－1）。セット間の僅か数分の休息の違いで、身体の中では全く異なる反応が起きています。筋力トレーニングをされている方は、ぜひ「セット間の休息時間」にも気を配り、「乳酸の力」を借りながら、上手に成長ホルモンを増加させるようにしてください。ちなみに、成長ホルモンには「コラーゲンの合成を増やす」「脂肪を分解する」という役割もあり、怪我《けが》の予防や健康増進の点からも大切です。

図 1-1　最大筋力型と筋肥大型による筋力トレーニング後の成長ホルモン濃度の変化（後藤ら、2004 をもとに作図）

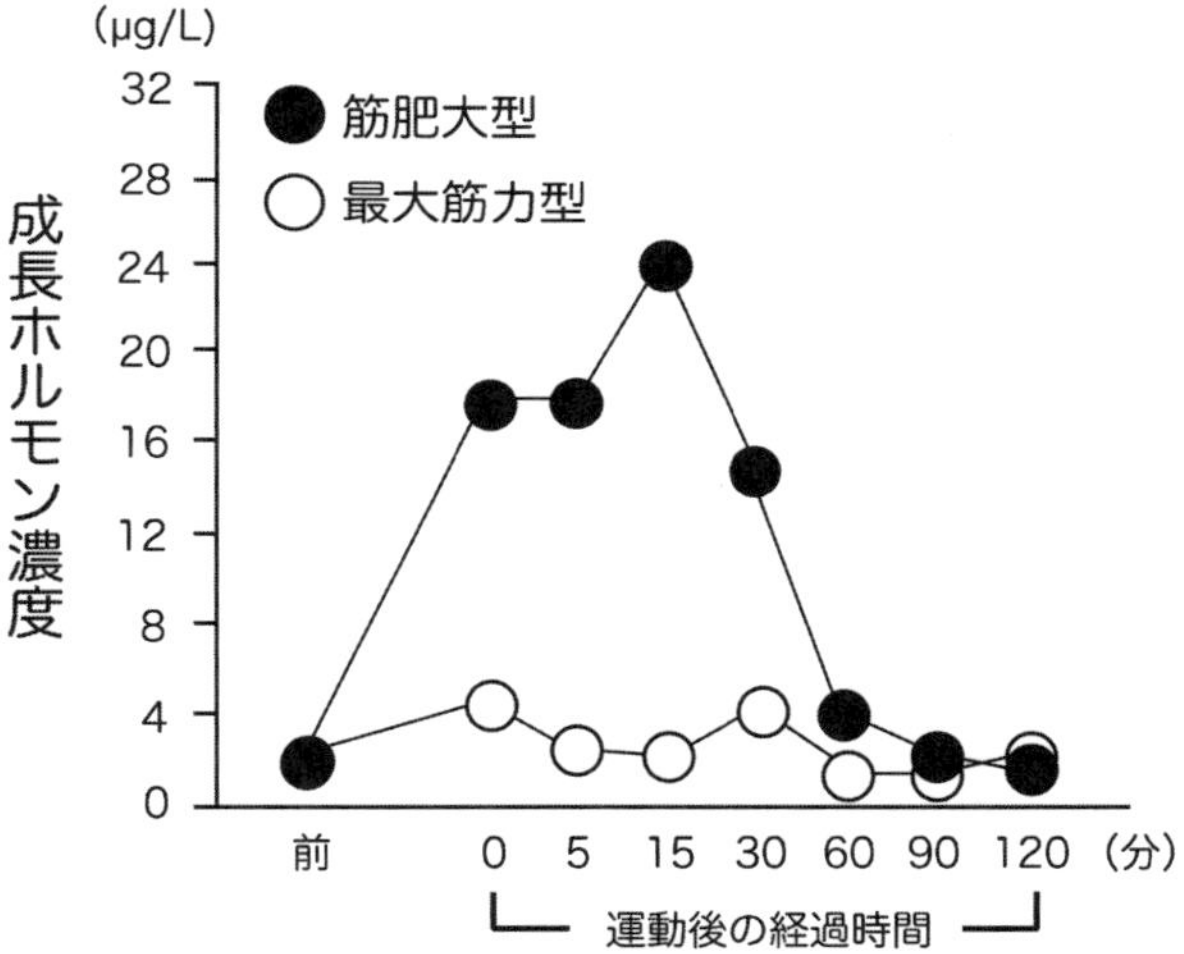

筋肥大型による筋力トレーニングの終了後には、成長ホルモンの産生（脳からの放出量）が大きく増加する点がポイント！

第2講　筋肉のパワーとスタミナを同時に鍛えるには？

スポーツで優れたパフォーマンスを発揮する上で、発揮できるパワーの最大値を高めることは重要です。パワーという言葉は日常会話でもよく使いますが、スポーツ科学の分野では「**パワー＝筋力×速度（スピード）**」を意味します。このことから、パワーを高めるためには「筋力」と「スピード」の双方を鍛えることが必要です。一方、どれだけ発揮パワーに優れていても、試合が始まって早々に疲労してしまうと困ります。したがって、パワーに加えて、パワーを持続する能力（筋肉のスタミナ）を鍛えることも大切です。この筋肉のスタミナは、専門的には「筋持久力」と呼ばれます。

第1講では、「最大筋力型」と「筋肥大型」による筋力トレーニングの方法を紹介しました。それでは、「筋肉のパワー」や「筋肉のスタミナ（筋持久力）」の向上には、いずれの方法が有効でしょうか？　この点は過去に研究が実施されています。この研究では、若年男性を最大筋力型の筋力トレーニングを行うグループと筋肥大型の筋力トレーニングを行うグループに分類し、各グループともに週2回・8週間にわたり筋力トレー

図 1-2　最大筋力型と筋肥大型による筋力トレーニングの効果の比較（崔ら、1999 をもとに作図）

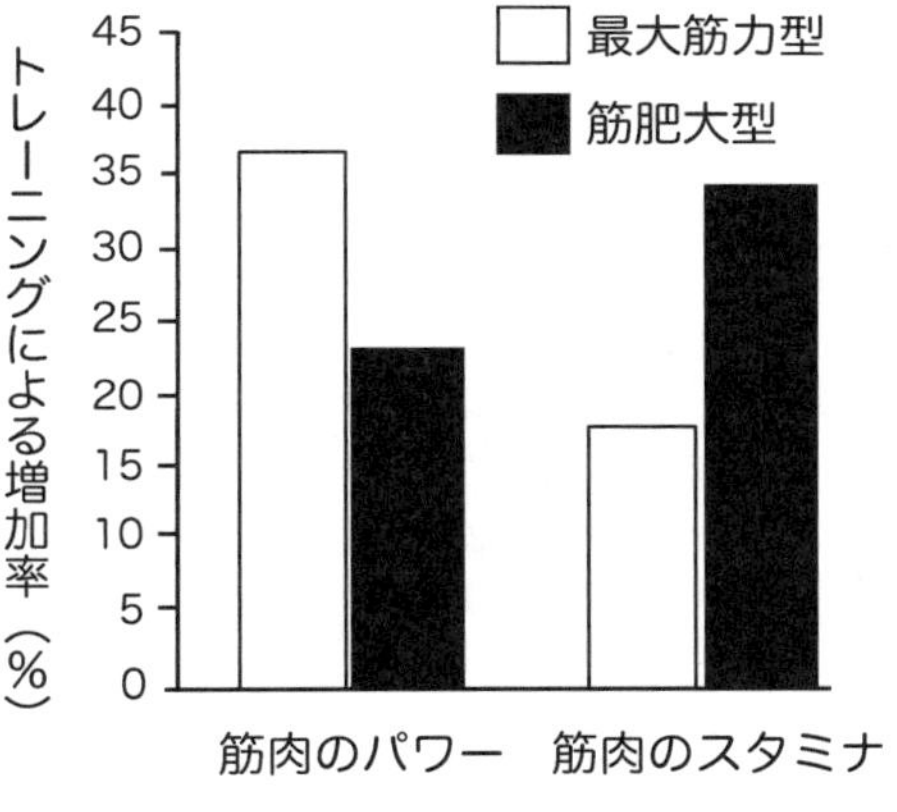

CHECK! 筋力トレーニングの方法によって、得られる効果は大きく異なります。

ニングを継続してもらいました。8週間に及ぶトレーニング期間の前後で、大腿部《だいたいぶ》の筋肉のパワーを専用の筋力測定機を用いて評価すると、最大筋力型のグループは筋肥大型のグループに比較して約1・5倍増加率の高いことがわかりました。これに対して、筋肉のスタミナ（筋持久力）は、筋肥大型のグループが最大筋力型のグループに比較して約1・5倍効果の大きいことがわかりました（図1－2）。この研究結果は、筋肉のパワーを高めるには最大筋力型の筋力トレーニングが、筋肉のス

図1-3　期分けを用いた筋力トレーニングの実施計画

CHECK! 年間を通して同じ内容ではなく、期分け（ピリオダイゼーション）の考え方を用いましょう。

タミナを高めるには筋肥大型の筋力トレーニングが効果的であることを示しています。

一方、多くのスポーツでは、筋肉のパワーとスタミナの双方が必要です。そのため、トップレベルのスポーツ選手は、「期分け（ピリオダイゼーション）」という考え方を導入しています。これは、最大筋力型の筋力トレーニングと筋肥大型の筋力トレーニングを異なる時期に実施するという方法です。図1－3には、その代表的な例を示しました。シーズンが終了すると、一旦、練習から離れ、心身の回復を図ります（これを積極的休息期といいます）。この時期には、普段と異なるスポーツを行っても良いでしょう。心身ともにリフレッシュした後に筋肥大期を設け、筋肥大型の筋力トレーニングを1～2ヶ月間実施し、筋肉量を増加させます。その後、最大筋力期を設け、最大筋力型のトレーニングを実施し、最大筋力やパワーを十分に高めた状態でシーズンに突入するとい

図1-4　ホリスティック法による筋力トレーニング

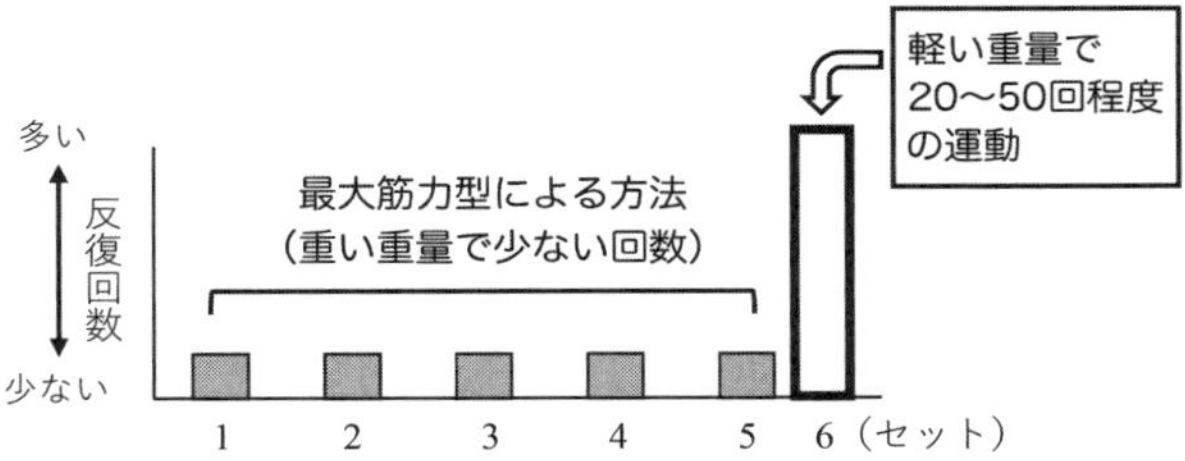

CHECK! 最大筋力型による運動の直後に、重りを一気に軽くして高回数での反復を付け加える点が特徴です。

う計画が理想です。1年間を週ごとに細分化し、目標とする試合（シーズン）から逆算して、その時期で行うべきトレーニングを実施するという計画性が必要となります。

それでは、「**筋肉のパワーとスタミナを同時に鍛えたい**」**場合**にはどうすれば良いでしょうか。私がオススメするのは、「**ホリスティック法**」と呼ばれる方法です。この方法では、最大筋力型による筋力トレーニングを実施した直後に、軽い重量で高回数での運動を1〜2セット付け加えるという方法です。図1－4に示したように、1〜5セット目までは最大挙上重量の85〜90％程度の重い重量（少ない回数）での運動（最大筋力型）を実施した直後に、6セット目は重量を一気に軽くし、最大挙上重量の30〜50％の重量で20〜50

回程度の運動を実施します。ホリスティック法の効果を調べた研究では、最後の6セット目の運動を行うことで成長ホルモンが大きく増加することが明らかになりました。また、4週間のトレーニング効果を検証した研究では、筋肉のパワーとスタミナが、同時に増加することも示されました。これに対して、通常の最大筋力型を用いた場合には、筋肉のスタミナは増加しませんでした。一方、最後に実施する6セット目の運動の重量は「軽いほど良い」わけではありません。たとえば、6セット目に最大挙上重量の20%という極端に軽い重量を用いて約80回の反復を行った場合、最大挙上重量の30〜50%の重量を用いた場合と比較して、成長ホルモンが大きく増加することはありませんでした。重い重量での最大筋力型による筋力トレーニングの最後に、軽い重量で高回数反復を行うことで筋肉に強い刺激を与える「ホリスティック法」、試してみてはいかがでしょうか？

第3講　スロートレーニングの科学

トレーニングの原則の一つに、「**オーバーロードの原則**」があります。これはトレーニングによって筋肉を鍛えるためには、日常生活で身体にかかる負荷よりも強い負荷をかける必要があるというものです。たとえば、私達は、歩いたり椅子から立ち上がったり、日常動作の中でも筋肉を使っています。しかし、若者であれば、これらの動作によって筋肉量が大きく増えることはありません。筋力や筋肉量を増やすためには、「普段よりも速く歩く」「スクワット運動を行う」など、日常生活以上の負荷を筋肉にかけることが必要です。この点からも、筋力トレーニングでは「重い重量」を用い、日常生活よりも大きな力を発揮することで効果が得られると長年、信じられてきました。

しかし、この考え方が2000年以降の研究によって大きく変わったのです。そのきっかけとなったのは、「加圧トレーニング」に関わる一連の研究です。加圧トレーニングとは、太ももや腕の付け根に専用のバンドを巻き圧力をかけ、血液の循環（血液の流れ）を制限した状態で行う特殊な筋力トレーニングを指しています。また、最大挙上重

図1-5　加圧トレーニングの効果（Takarada ら、2000 をもとに作図）

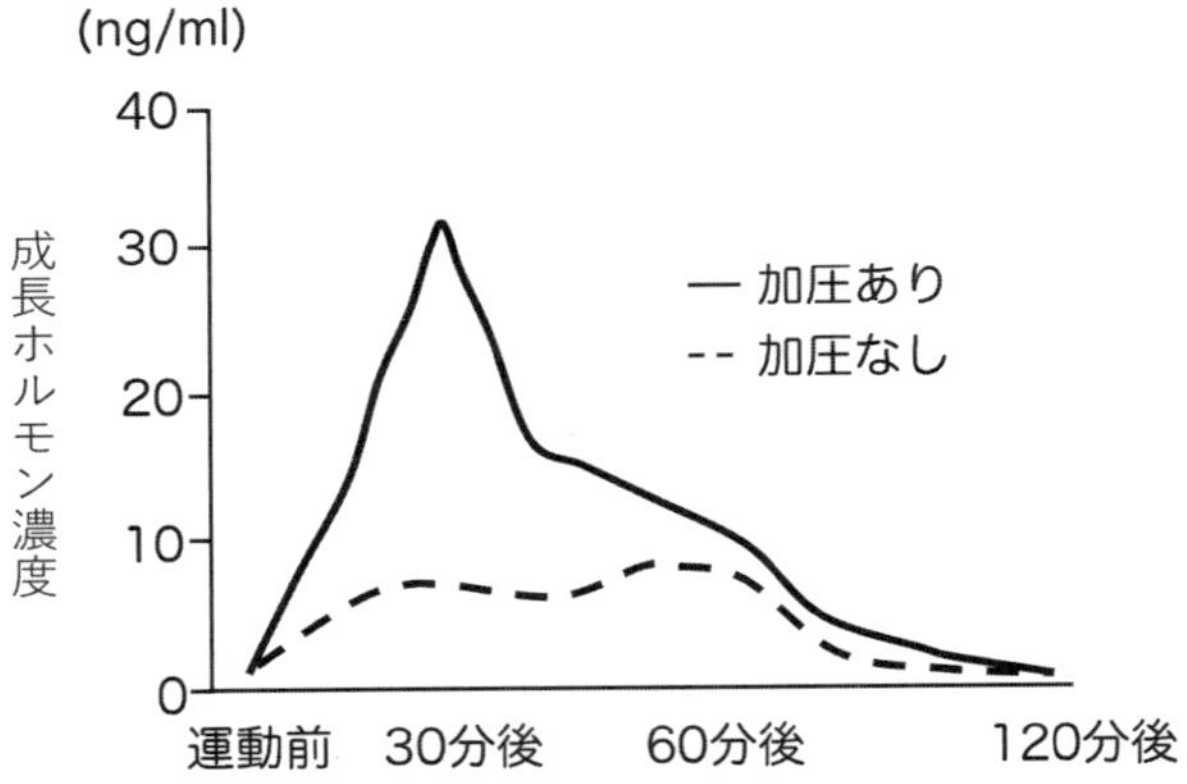

CHECK! 最大挙上重量の 20% という軽い重量での膝の曲げ伸ばし運動を 5 セット実施した際の血液中の成長ホルモン濃度の変化を示したグラフです。両脚の大腿部の付け根に専用のバンドを巻いた「加圧トレーニング」では、成長ホルモン濃度が大きく増加している点に注目して下さい。

量の20%という、きわめて軽い重量であっても成長ホルモンが大きく増加すること、トレーニングを継続することで筋肉量と最大筋力がいずれも増加することを証明した論文が、2000年~2002年にかけて次々と発表され注目を集めました（図1-5）。

ちなみに、これら一連の研究を実施したのは、東京大学の研究グループでした。当初、加圧トレーニングは「変わったトレーニング」として、そ

図1-6　スロートレーニングの実施方法

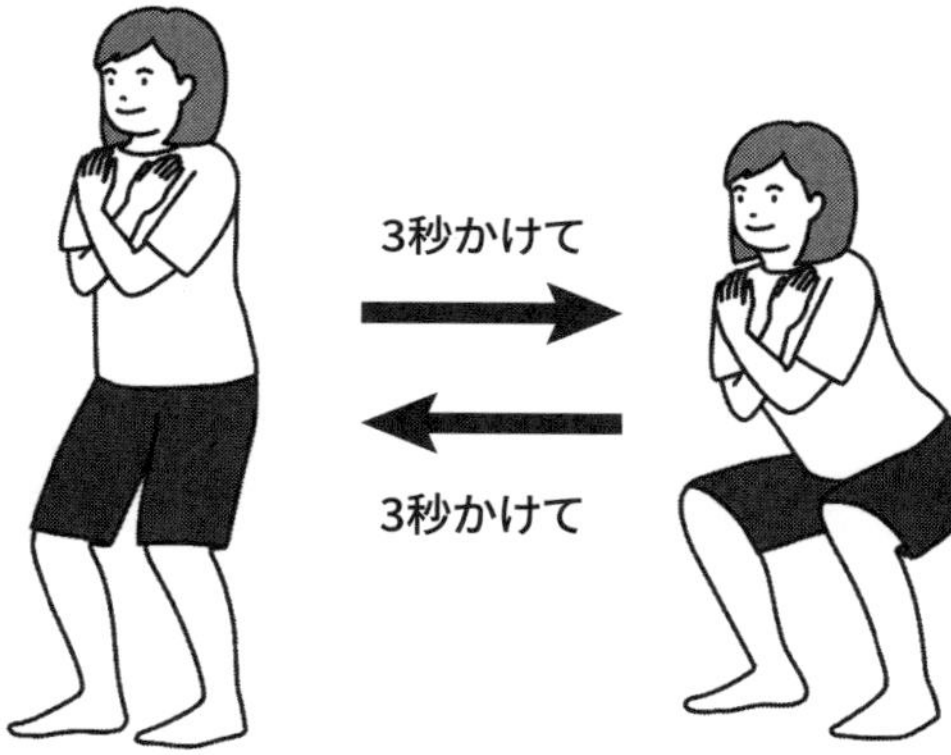

の危険性を心配する声もあったようです。しかし、その後、研究が進み、今では怪我をした後のリハビリテーションとして病院でも使用されています。

一方、加圧トレーニングでは、専用のバンドの準備やバンドの締め付け圧の管理など経験と知識が必要となり、誰もが手軽に実施できるわけではありません。そこで注目を集めたトレーニング方法が、「**スロートレーニング**」です。これは、最大挙上重量の30〜50%という**軽い重量に対して、動作をゆっくりと行う**点が特徴です。たとえば、脚の筋肉を鍛えるスクワットの場合、通常の方法では1秒で腰を落とし、1秒で膝を伸ばすテンポで動作を反復します。一方、スロートレーニングでは3秒かけて腰を落とし、3秒かけて膝を伸ばします。通常の方法は2秒で1回の動作が終了するのに対して、スロートレーニングでは6秒で1回の動作が終了します（図1-6）。

スロートレーニングの効果を検証した研究では、運動後に成長ホルモンが大きく増加することが示されました。この研究では、スロートレーニングに最大挙上重量の50％という軽い重量を使用しましたが、成長ホルモンの増加量は重い重量（最大挙上重量の80％）を用いた場合と比べて差がありませんでした。また、週2回・12週間にわたりトレーニングを継続した結果、大腿部の筋肉量と最大筋力がいずれも増加し、これらの効果は重い重量でのトレーニングを実施したグループと同様でした。トレーニングの工夫によっては、「軽い重量」でも十分な効果を得られることが実証されたのです。

鍵を握る筋肉の低酸素化

なぜスロートレーニングでは、大きなトレーニング効果が得られるのでしょうか？その鍵を握る理由は、「筋肉の低酸素化」です。心臓から送り出された血液は、動脈と呼ばれる太い血管の中を一方通行で流れています。血液の中には酸素が含まれますので、血液が動脈を通って筋肉に届くことで、筋肉に酸素が供給されます。一方、筋力トレーニングで筋肉が力を発揮すると、筋肉への血液の流入を押し戻そうという逆方向の力が生じます。つまり、筋肉が力を発揮している間は筋肉への血液の流入が減少しますので、筋肉は次第に、「酸素不足（低酸素）」の状態となります。スロートレーニングは、動作をゆっくりと行う点が特徴です。例えば、10回の動作反復を行った場合、6秒（1回の動作にかかる時間）×10回＝60秒間にわたり筋肉への血液の流入が制限されます。その結果、筋肉は徐々に低酸素の状態となります。また、筋肉には乳酸が蓄積し、「低酸素化×乳酸の蓄積」という情報が筋肉から脳に伝わり、脳から成長ホルモンの分泌が促されるのです（図1－7）。

スロートレーニングの効果を高めるためには、幾つかのポイントがあります。1つ目は、「**反動をつけないこと**」です。重い重量を用いた筋力トレーニングでは、重りを持ち上げる直前に一瞬、筋肉の力を抜き、反動を使って一気に持ち上げることがあります。一方、スロートレーニングでは反動は使わず、ゆっくりとした一定のスピード（3秒かけてゆっくり重量を持ち上げ、3秒かけて下ろす）で動作を持続することがポイントです。

2つ目は、「**呼吸を止めないこと**」です。重い重量を用いたトレーニングでは、息を止めて一気に重量を持ち上げることは珍しくありません。しかしスロートレーニングでは、呼吸をとめず、運動を持続します。このことは安全面でも重要です。息を止めて重い重量を持ち上げる方法では、瞬間的に血圧が大きく上昇します。一方、呼吸を止めずに実施するスロートレーニングでは、血圧上昇の程度が小さいことも明らかになっています。

スロートレーニングは、スポーツ選手だけでなく、運動を普段実施していない中年の方々、高齢者の方々でも実施可能です。また、バーベルやダンベルなどの器具は必ずしも必要なく、自分の体重を使ったスクワットや腕立て伏せでも良いのです。「筋力トレーニング＝重い重量」という常識にとらわれず、普段のトレーニングに導入してはいかがでしょうか？

図 1-7　スロートレーニングに伴う筋肉内の低酸素化

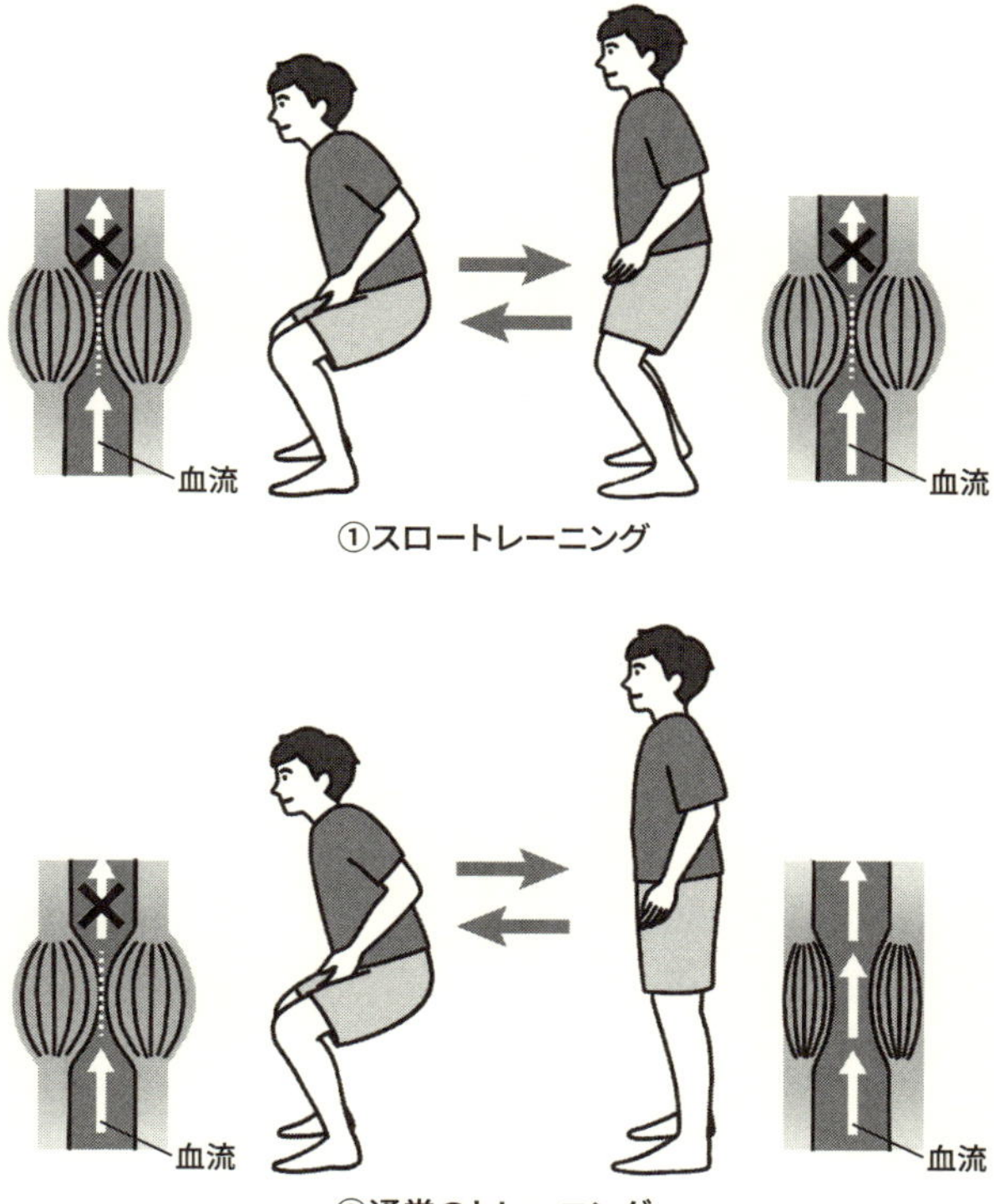

CHECK! 通常のスクワットでは、膝を伸ばした際に筋肉が緩み血液（酸素）が筋肉に流入します。一方、スロートレーニングによるスクワットでは、膝を伸ばしきらないために筋肉への血液（酸素）の流入が制限され続ける点がポイントです。

第4講　世界で注目されている「高強度間欠的トレーニング」とは？

——見かけは短距離走のトレーニング、けれども長距離走が速くなる

持久力（全身のスタミナ）を評価する方法としては、20mシャトルランテストを頭に浮かべる方が多いでしょう。20m間隔にひかれた2本の線を、規定の時間内に走り、往復できる回数によって持久力を判定します。屋外でも屋内（体育館など）でも容易に実施できますので、体育の授業でも使用されています。一方、実験室で持久力を評価する際には、「最大酸素摂取量」を評価します。この際、運動には自転車エルゴメータでのペダリングやトレッドミル（ランニングマシン）でのランニングを使用します。ペダリングの場合にはペダルの重さが、ランニングの場合にはランニングマシンのベルト速度が1〜2分毎に増加し、体力の続く限り運動を続けてもらいます。また、運動中は専用のマスクを装着し、酸素を何リットル取り込んでいるか（これを酸素摂取量と呼びます）を測定します（写真2）。ペダリング運動でのペダルの重さやランニングの速度が増加すると、酸素摂取量も増加します。そして、1分間あたりの酸素摂取量の最大値を測定

写真2　最大酸素摂取量の測定の様子

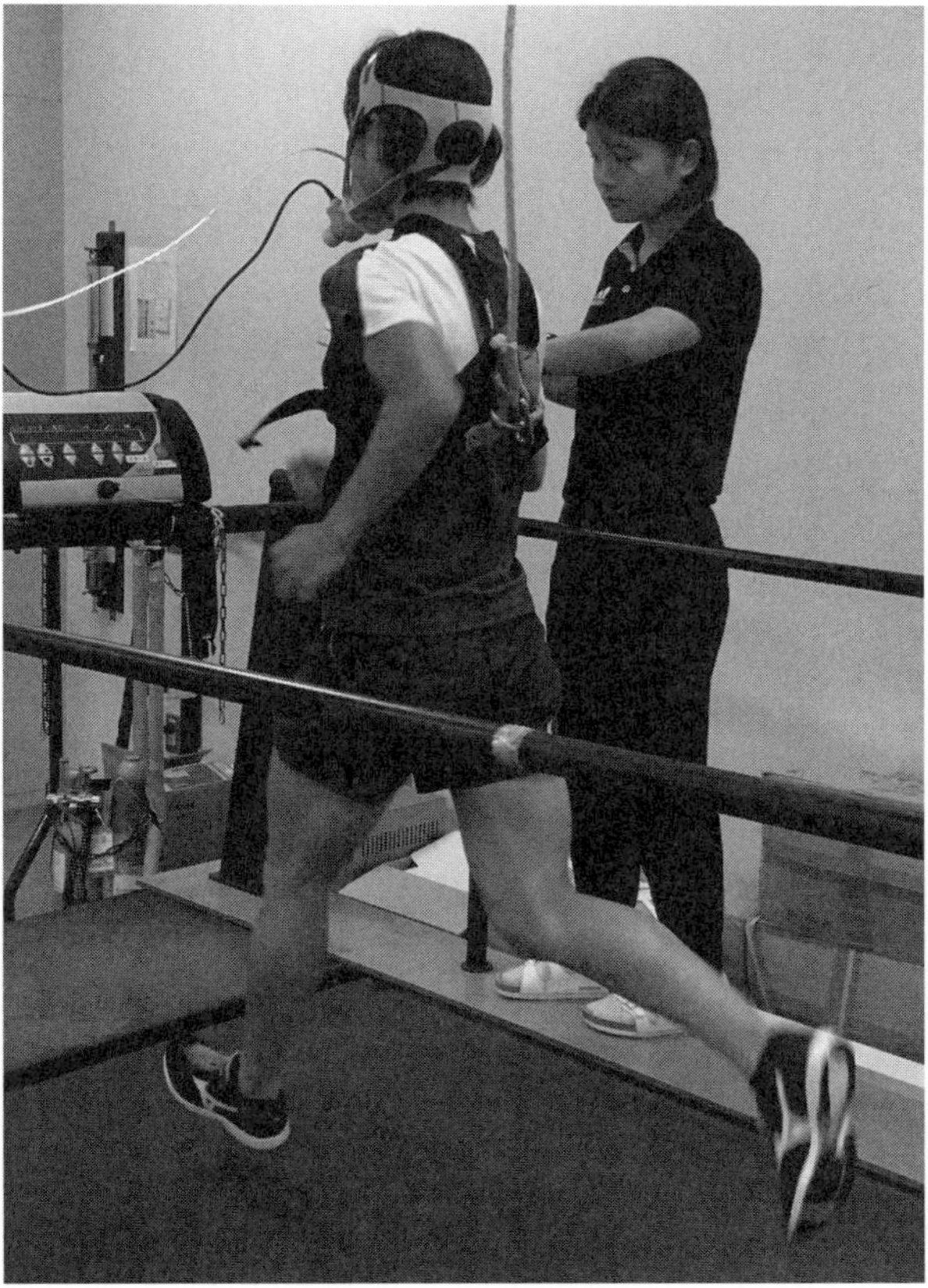

し、この値が高い人ほど持久力に優れていると評価するのです。なぜ、酸素をたくさん取り込めると持久力に優れるのでしょうか？　その答えは、持久走では酸素を利用して必要なエネルギーを作り出しているからです。

陸上競技や水泳、球技、格闘技など多くのスポーツ種目において、**最大酸素摂取量を高める**ことは重要です。実際に、長年トレーニングを継続してきたスポーツ選手は、同年代の一般人に比べて圧倒的に高い最大酸素摂取量を示します。それでは、最大酸素摂取量を増加させるにはどういったトレーニングが有効でしょうか？　読者の多くの方は、「持久走」を頭に浮かべるのではないでしょうか？　持久走によっても最大酸素摂取量は増加しますが、最近、特に注目されているのは「ＨＩＩＴ」と呼ばれる方法です。ＨＩＩＴとは「High-Intensity Interval Training」の頭文字を取ったものであり、日本語では「**高強度間欠的トレーニング**」と呼びます。数秒〜数十秒間の高強度での運動を、短い休息（数十秒〜60秒程度）を挟んで何度も繰り返す点が特徴です。その一例として、20秒間の高強度運動を10秒間の休息を挟んで8セット繰り返す方法が有名です。この方法は立命館大学の田畑泉先生が考案されたことから、「**タバタトレーニング**」と呼ばれ

図1-8 「タバタトレーニング」の効果（Tabataら、1996をもとに作図）

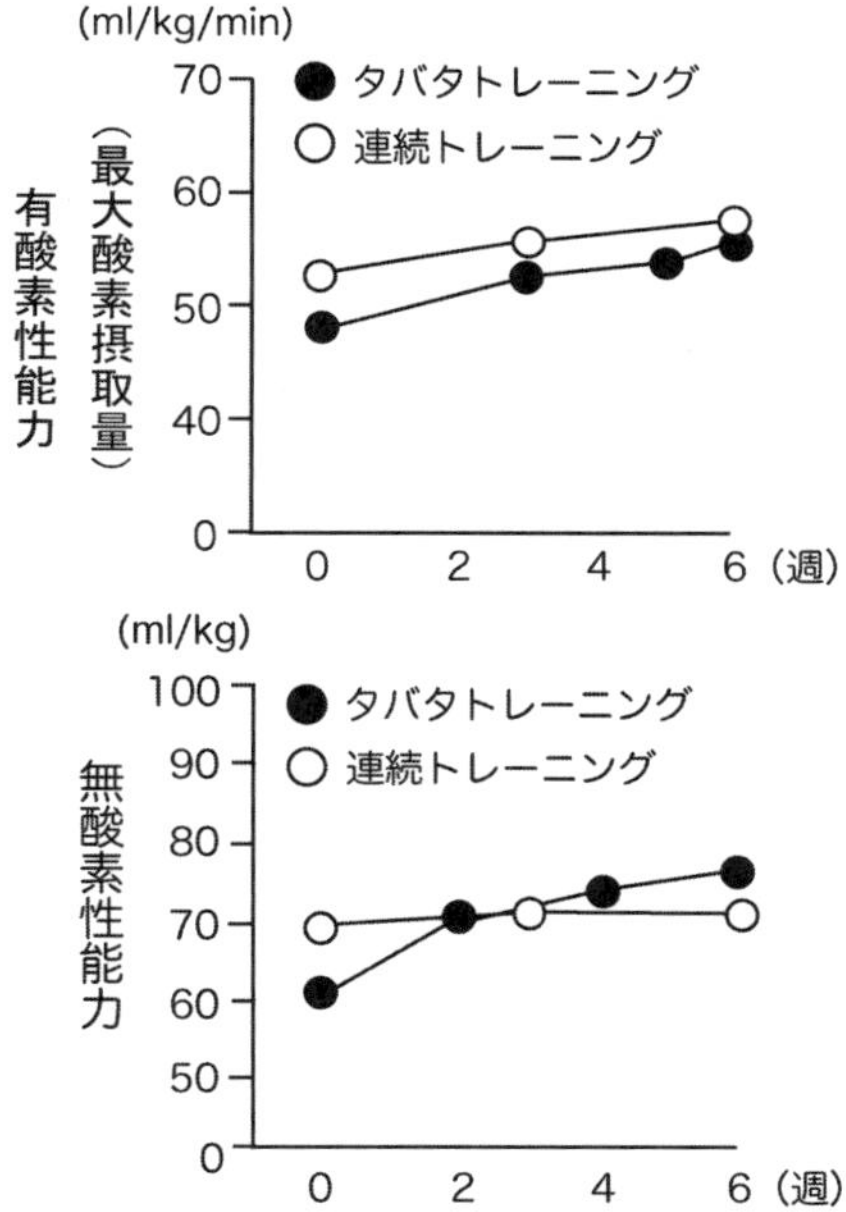

CHECK!

「タバタトレーニング」では、20秒間の高強度でのペダリング運動を10秒間の休息を挟んで7～8セット反復をしました。これに対して、「連続トレーニング」では、中強度での30分間連続のペダリング運動を行いました。グラフは、両グループともに週5回・6週間のトレーニングを実施しその効果を比較した内容です。

6週間のトレーニングによって、最大酸素摂取量はタバタトレーニングによって約15%、連続トレーニングによって約10%増加しました。また、無酸素性能力はタバタトレーニングでのみ増加（約28%）をしました。この研究から、タバタトレーニングでは、「無酸素（ダッシュ）能力」と「有酸素（スタミナ）能力」の両方が向上することが証明されたのです。

図 1-9　40 m 全力走を用いた HIIT

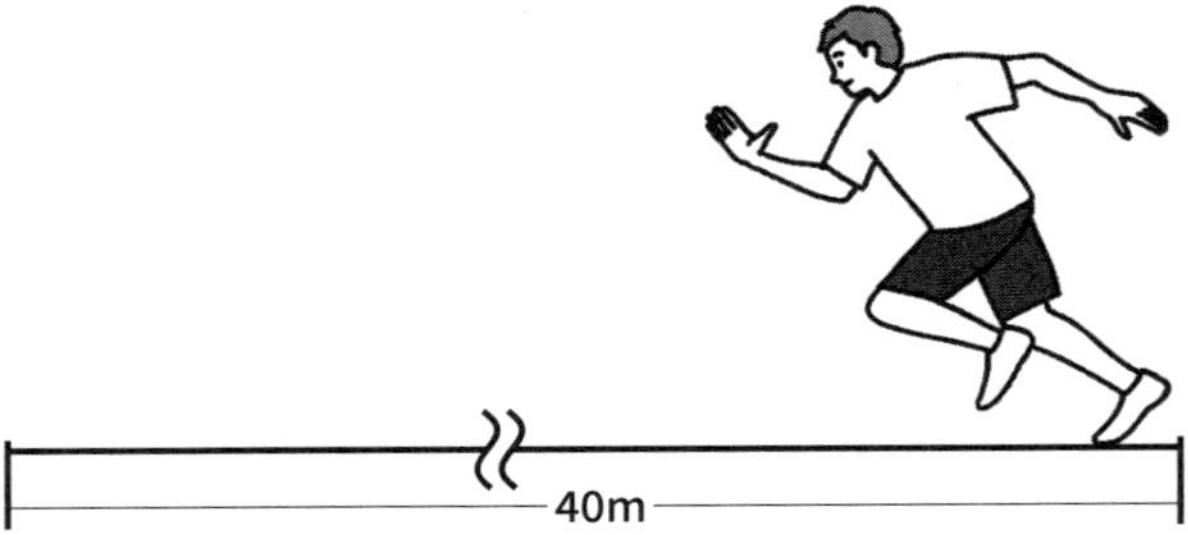

ています。セット間の休息時間を含んでも合計4分間程度の運動にもかかわらず、「タバタトレーニング」を数週間継続すると最大酸素摂取量が大きく増加します（図1－8）。また、HIITを変化させた方法として、6秒間の全力運動を30秒程度の休息を挟んで10回程度繰り返す方法も有名です。これはバスケットやサッカーなど球技での動き方にも似ていますので、球技選手のトレーニングとしてもオススメです。体育館やグラウンドで行う場合には、40mの全力走（直線走）を20～30秒間の休息を挟んで繰り返すという方法でも良いでしょう（図1－9）。ポイントは、「短時間の高強度運動を短時間の休息を挟み、回復が不完全な状態で繰り返す」ことです。当然、呼吸も荒くなり、筋肉もパンパンに張ってきますが、合計で5分程度、運動と休息を繰り返します。

これらの運動はいずれも短時間（数秒～20秒）の高強度運動を繰り返すことから、「短距離走の能力（ダッシュ力）」が向上すると感じるかもしれません。もちろん短距離走の能力向上も期待できますが、研究結果によると、スタミナ（最大酸素摂取量）の増加に対する効果が大きいようです。HIITを実施する場合、高強度での運動中には呼吸数が減少し、私達の身体は意外にも多くの酸素を取り込んでいません（これに対して、長距離走では常に酸素を取り込みながら運動を継続します）。その代わりに、セット間の休息中に大量の酸素を取り込みますので、このことによって酸素を取り込む能力（最大酸素摂取量）が増加するのです。見かけは短距離走のトレーニング、けれども、長距離走の能力が向上する、これがHIITの面白い所です。

HIITの魅力は「短時間で終了すること」です。昔から実施されている持久走を否定する必要はありませんが、短時間で終了する「HIIT」も積極的に導入し、余った時間を技術練習や戦術ミーティング、心身の休息に充てるという発想は合理的でしょう。なお、HIITはスポーツ選手だけでなく、日々の仕事で多忙な社会人など、トレーニングに多くの時間を割けない方の「時短トレーニング」としても注目されています。

第5講　パワー（瞬発力）を高めるトレーニング

第2講において、「パワー＝筋力×速度（スピード）」という説明をしました。一般には、「パワー＝瞬発力」という表現の方がわかりやすいかもしれません。今回は「筋肉の伸び縮み」の視点からパワーの増加についてお話しします。

脚の筋肉のパワーを評価する方法として、垂直跳びがあげられます。垂直跳びでは「ジャンプ力」を測定していると思うかもしれませんが、実は脚の筋肉のパワーの大きさを評価しています。垂直跳びを行う場合、立った状態から膝を曲げ腰（重心）を落とした後、一気に膝を伸ばしジャンプをします。これが「反動をつけた垂直跳び」で、専門的にはカウンタームーブメントジャンプと呼ばれます。一方、重心を落とした「スクワット姿勢」で静止し、そこからジャンプをする方法（これをスクワットジャンプと呼びます）では、カウンタームーブメントジャンプほど高く跳躍することはできません（図1－10）。なぜ、反動を使ったジャンプ（カウンタームーブメントジャンプ）は、反動を使わないジャンプ（スクワットジャンプ）よりも高く跳ぶことができるのでしょうか？

図1-10　カウンタームーブメントジャンプとスクワットジャンプの違い

カウンタームーブメントジャンプ（反動を使った垂直跳び）

スクワットジャンプ（反動を使わない垂直跳び）

CHECK! スクワットジャンプでは重心を落とした状態からジャンプするので反動が使えません。

この答えに「パワー（瞬発力）を高める秘訣《ひけつ》」が隠されています。

垂直跳びでは、脚（大腿部）の筋肉がおもに活動します。筋肉は、筋線維という細い線維が束となって集まったものです。カウンタームーブメントジャンプでは、立った状態から重心を落とす局面において、太ももの前側の筋肉（大腿四頭筋）の筋線維が急激に伸ばされます。次に、膝を伸ばし一気にジャンプをする局面では、筋線維が短くなります。一旦伸ばした筋線維を縮める、いわば「ゴム」のように筋線維の長さを瞬時に変化させているのです。この「筋線維を伸ばして縮める」という一連の動きがパワー発揮の鍵を握っています。筋線維が急激に伸ばされると、筋肉では「弾性エネルギー」という目に見えないエネルギーが発生します。次に、筋線維を短くする局面では、弾性エネルギーを利用することで大きなパワーを発揮し、高く跳ぶことが可能となります（図1－11）。

一方、反動を使わないスクワットジャンプでは、筋線維を急激に伸ばす場面が含まれませんので、「弾性エネルギー」も発生しません。そのため、反動を使ったカウンタームーブメントジャンプと比べて、高くジャンプすることができないのです。このように、**きわめて短時間の動作の中で筋肉（筋線維）を「伸ばして縮める」ことで大きなパワー**

図 1-11　垂直跳びの際の筋線維の伸び縮み

CHECK! 立った状態から勢いよくしゃがむことで「弾性エネルギー」が発生し、膝を伸ばす際にこのエネルギーを利用することで高く跳ぶことができるのです。

を発揮する方法を、「伸張 - 短縮サイクル」と呼びます。

伸張 - 短縮サイクルは垂直跳び以外にも、多くのスポーツで使用されています。たとえば、ランニングをする際に、足裏が着地する瞬間に脚の筋線維が伸ばされ、地面を蹴り出す際に筋線維は短くなります。また、ボールを遠くに投げる際に、ボールを持った腕を反動をつけるため後方に引きますが（テークバックという動作）、これも伸張 - 短縮サイクルの一つです。テークバックによって肩や胸の筋肉の筋線維を一旦、伸ばし、次に急激に短縮させることで大きなパワーの発揮が可能となるのです。

伸張-短縮サイクルの能力を高めるトレーニング

伸張-短縮サイクルの能力を高めるには、どのようなトレーニングが有効でしょうか? 代表的な方法は、その場での連続ジャンプです。「何だ、そんなことか」と感じるかもしれませんが、効果を出すためには秘訣があります。それは、**「足の裏が地面に着いている時間を短くすること」**と**「できる限り高くジャンプすること」**です。伸張-短縮サイクルでは、筋線維の伸び縮みを瞬時に行うことが重要です。そのため、連続ジャンプを行う際にはこのことを意識し、足の裏が地面に着いたらできる限り瞬時にジャンプをすることを心がけます。「グニャっとした軟らかいバネ」ではなく、「固いバネ」のように筋肉を使うのです。

マットスイッチという機器を用いて、5回連続でジャンプを行った際に足の裏がマットに接地している時間を測定すると、一般学生であれば200ミリ秒以上であるのに対して、スポーツ選手であれば150ミリ秒程度まで短くなります。さらに、伸張-短縮サイクルが重要な陸上競技の短距離種目や跳躍種目（走り幅跳びなど）の選手は、120～130ミリ秒程度という素晴らしい記録を示します。この能力は、日々のトレーニングによって向上させることが可能です。

その場での連続ジャンプのトレーニングでは、1セットあたり5回程度で十分です。ただし、集中力が必要なトレーニングですので、セット間に1分以上の休息を挟みながら、2～3セット行うと良いでしょう。その他、低い障害物（ミニハードル）を複数個並べて、両脚でジャンプをしながら前に進むトレーニングも有効です。この際にも、「足の裏が地面に着いたら素早くジャンプする」ことを心がけて下さい。障害物を準備できない場合には、「馬跳び」でも代用可能です。また、柱にくくりつけたゴムを連続でジャンプする「ゴム跳び」でも良いでしょう。私は子どもの頃、野球少年で、冬場のトレーニングでは馬跳びを行っていました。当時は「伸張－短縮サイクル」という言葉も知らず、何も考えずにジャンプをしていただけで、今考えると随分勿体《もったい》ないことをしていました。トレーニング科学を活用することで、「馬跳び」や「ゴム跳び」を「伸張－短縮サイクルのトレーニング」に変身させることが可能となるのです。

第6講　重りを持ち上げるトレーニングvs.下ろすトレーニング

第5講では、運動を行った際の筋線維の伸び縮みについて説明しましたが、今回はもう一歩、踏み込んでみましょう。両手にダンベル（重り）を持ち、肘を伸ばした状態から曲げる動作をイメージしてください。この時、上腕の前側の筋肉に力こぶができ、筋線維は短くなっています。また、筋線維が縮みながら力を出していますので、これを「**短縮性の筋活動**」と呼びます。次に、肘を曲げた状態から、ゆっくりと伸ばす動作をイメージしてください。この時、筋線維は伸ばされながら力を出していますので、これを「**伸張性の筋活動**」と呼びます（図1－12）。腕立て伏せであれば、肘を曲げて胸を床に近づける動作では、胸の筋肉では伸張性の筋活動が、肘を伸ばして胸を床から遠ざけていく局面では、短縮性の活動が起こります。また、スクワット動作では腰をゆっくりと下げる局面で太ももの前側の筋肉で伸張性の筋活動が、膝を伸ばして腰を持ち上げる局面では短縮性の筋活動が起こります。

それでは、腕立て伏せのトレーニングにおいて、肘を伸ばす動作（短縮性の筋活動）

図1-12　短縮性の筋活動と伸張性の筋活動

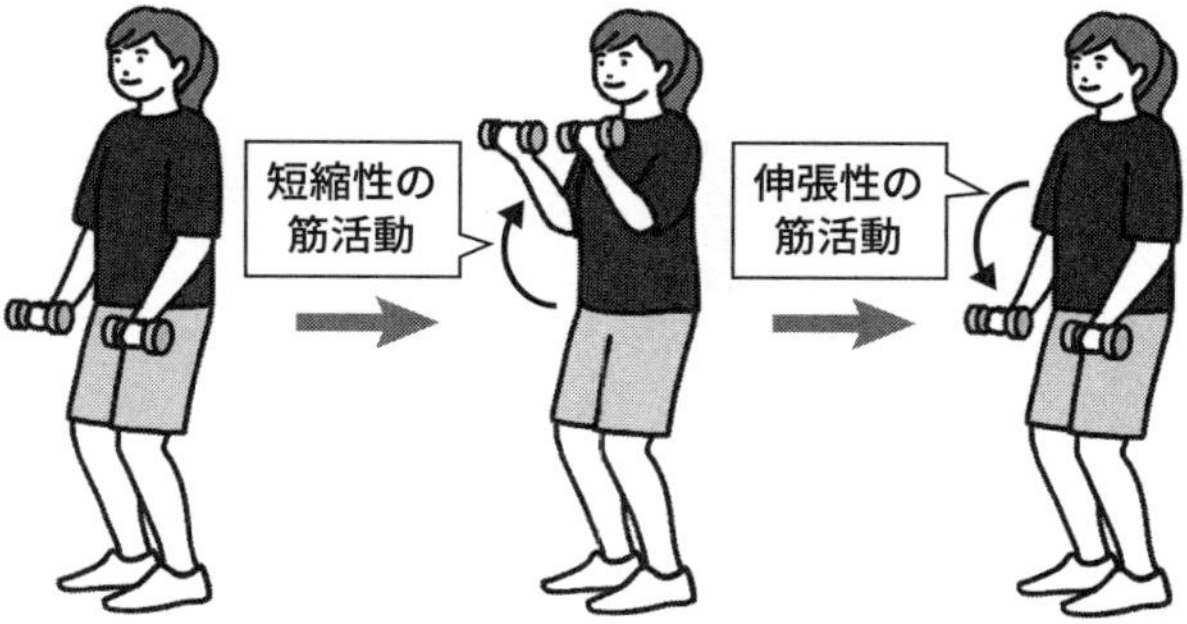

と肘を曲げる動作（伸張性の筋活動）のどちらの効果が大きいでしょうか？　肘を伸ばす動作の方がしんどいので、肘を曲げる動作よりも効果も大きいと考えるのではないでしょうか？　一方、トレーニング科学の研究では、伸張性の筋活動が筋肉を鍛える上で特に重要であることが示されています。その理由のひとつとして、速筋線維の利用があげられます。筋肉は、筋線維と呼ばれる細い線維の集合体であることはお話ししました。この筋線維には瞬発力に優れる「速筋線維」とスタミナに優れる「遅筋線維」の2種類があり、太ももの筋肉であれば速筋線維と遅筋線維がおよそ1対1の割合で混じっています。私達の筋肉では、大きな力を発揮する運動では速筋線維が、小さな力を発揮する運動では遅筋線維が使われるというルールがあり

ます。一方、伸張性の筋活動ではこのルールが必ずしも適用されず、速筋線維が積極的に利用されます。この点から、伸張性の筋活動では速筋線維が鍛えられることで、筋力や筋肉量の増加に対する効果が大きいのです。このことをふまえると、腕立て伏せのトレーニングでは、肘を曲げる局面、スクワットのトレーニングでは、腰を下げる局面は非常に重要です。すっと力を抜いてこれらの動作を手抜きしてしまうと、「伸張性の筋活動による大きな効果」を獲得することができません。力を完全に抜かず、短縮性の筋活動と同じスピードで動作を丁寧に継続することがポイントです。

伸張性筋活動の特徴を活用したトレーニング

伸張性の筋活動には、その他にも面白い特徴があります。その一つに、伸張性の筋活動での最大筋力は、短縮性の筋活動での最大筋力を10～30％程度上回ることがあげられます。わかりづらいですので、例をあげましょう。ベンチプレスという筋力トレーニングの種目をご存じでしょうか？　台の上に横になった状態で、両端に重量をつけたバーベルを持ち上げたり下ろしたりするトレーニングで、おもに、胸の筋肉（大胸筋）を鍛

図1-13　フォースド・レペティション法を活用した筋力トレーニング

CHECK! 自力でバーベルを持ち上げることができなくなった直後に、補助してもらいながらゆっくりとバーベルを下げる方法です。

える代表的な種目です。今、Aさんのベンチプレスの最大挙上重量（1回のみ持ち上げることのできる最大の重量）が50kgであったとしましょう。この場合、50kgの重量では1回のみ動作を行うことができ、55kgではバーベルを持ち上げることができません。しかし、55kgであっても、肘を伸ばした状態からバーベルをゆっくりと胸に向けて下げることは可能です。**バーベルを持ち上げることはできないが、下げることはできる**のです。

この不思議な現象には、伸張性筋活動の最大筋力が短縮性筋活動よりも大きいことが関係しています。バーベルを持ち上げる動作では短縮性の筋活動が、バーベルをゆっくりと下げる動作では伸張性の筋活動が使われます。Aさんの「最大挙上重量が50kg」というのは、あくまで、「短縮性の筋活動の最大筋力が50kg」という意味ですので、伸張性の筋活動では50kgより若干重い重量での動作が可能です。この特徴を応用した例として、ベンチプレスのトレーニングにおいて自力でバーベルを持ち上げることができなくなった直後に、補助者の力を借りてバーベルを下ろす動作のみを2～3回繰り返す「フォースド・レペティション法」というテクニックが知られています（図1-13）。「筋力トレーニング＝重りを持ち上げるトレーニング」ではありません。重りを下げるトレーニング（伸張性の筋活動）の効果にも目を向けることで、合理的なトレーニングが可能となります。

第7講　低酸素トレーニングの驚くべき効果

「低酸素トレーニング」という方法をご存じでしょうか？　これは、空気に含まれる酸素の量を通常よりも減らした状態（酸素が少ない状態＝低酸素環境）でトレーニングを行う方法です。最近では、陸上競技長距離選手やトライアスロン、球技種目の選手など、多くのスポーツ選手が競技力向上をねらいとして低酸素トレーニングを導入しています。空気の中には約20・9％の酸素が含まれ、それ以外の大部分は窒素です。一般的な低酸素トレーニングでは、空気中の酸素濃度を15％前後にまで減らした状態でトレーニングを実施します。低酸素環境をつくり出す方法には幾つかありますが、私が勤務する立命館大学スポーツ健康科学部では、室内の窒素濃度を通常よりも若干高くすることで酸素濃度を低下させています（これを窒素希釈法と呼びます）。

低酸素トレーニングの効果に関する研究は、多数実施されています。特に、2010年頃までは、陸上競技の長距離選手など、持久力（スタミナ）が大事となる種目のスポーツ選手を対象に研究が行われてきました。これらの研究では、週2～3回程度の低酸

図 1-14　陸上競技長距離選手に対する低酸素トレーニングの効果（Dufour ら、2006 をもとに作図）

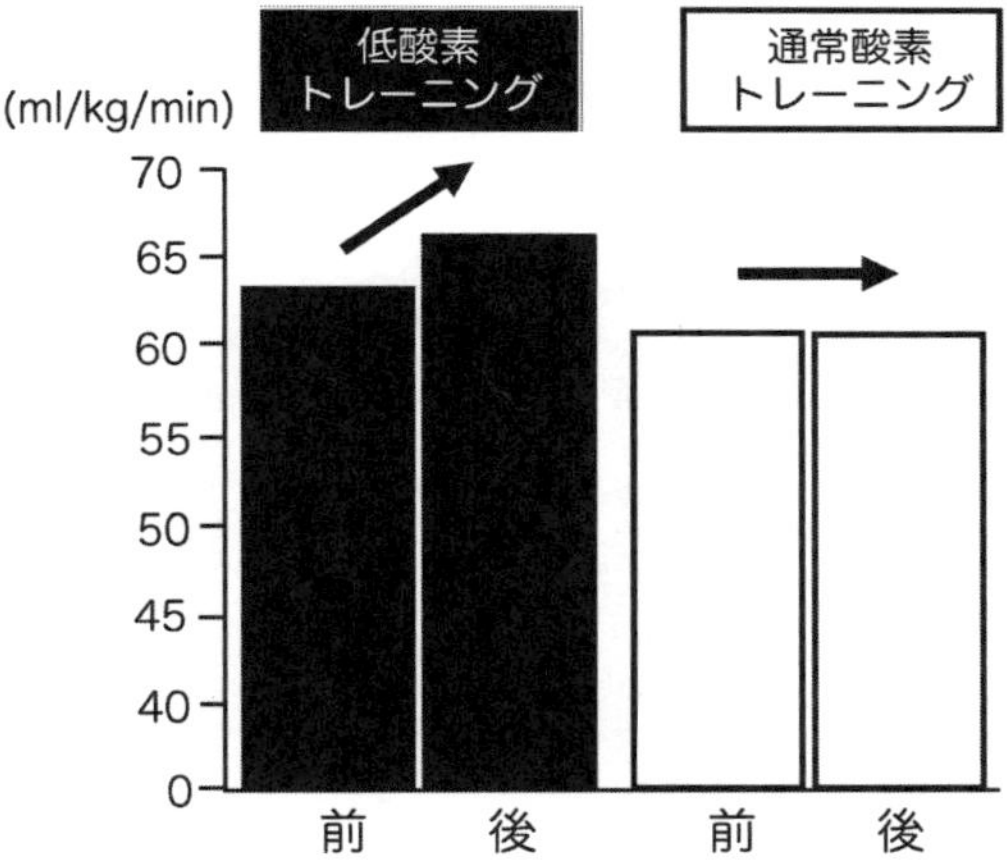

CHECK! 週２回・６週間のランニングマシンでのトレーニングを低酸素環境（低酸素トレーニング）または通常酸素環境（通常酸素トレーニング）で実施した結果、低酸素トレーニングを実施したグループでのみ最大酸素摂取量が増加したのです。

図 1-15　パルスオキシメーターによる血液中の酸素量の評価

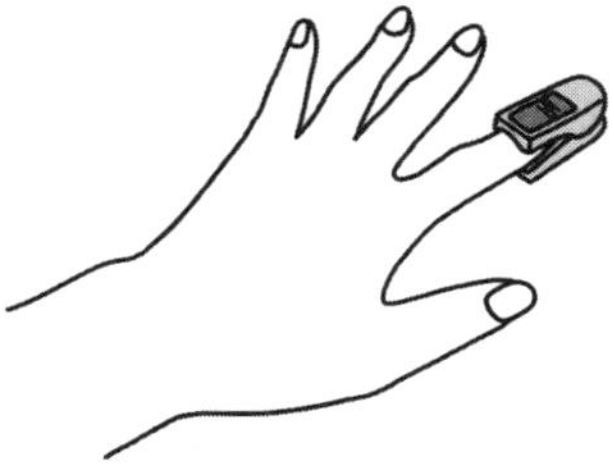

素トレーニングを行うことで、持久力の向上することが示されています（図1－14）。特に、持久力に優れた陸上競技の長距離選手であっても、普段の練習に低酸素トレーニングを追加することで大きな効果がみられている点は注目すべきです。

低酸素トレーニングの実施時に、パルスオキシメーターという機器（図1－15）を指先に装着し血液中の酸素量（これを動脈血酸素飽和度と呼びます）を測定すると、通常のトレーニング時と比較して10％程度低い値を示します。このように、空気中の酸素だけでなく、身体の中（血液中）の酸素も通常よりも少ない状態で運動を行いますので、普段のトレーニングメニューと比べて強度や量が低下することもあります。この点を考慮して、トレーニングは通常酸素の環境で行い、睡眠中のみ低酸素環境で過ごす「Living high, Training low」と呼ばれる方法も知られています。この場合、夜から翌朝にかけて、低酸素環境で過ごし、睡眠をとります。この生活を3～4週間程度継続することで（合計200時間程度は低酸素環境で過ごす計算となります）、血液中のヘモグロビン量が増加することが示されています。ヘモグロビンは酸素と結合し、筋肉に酸素を届けてくれる大切な物質です。したがって、低酸素環境での睡眠によってヘモグロビンが増加することで、持久力を向上させることができるのです。低酸素環境での睡眠には専用の施設が必要ですが、東京にある国立スポーツ科学センターには、低酸素環境での宿泊が可能な部屋（シングルルーム）が完備され、トップレベルのスポーツ選手が活用しています。「寝ている間も身体を鍛えよう」という発想です。ただし、低酸素環境では睡眠が浅くなることが知られていますので、すべてのスポーツ選手にオススメすべき方法ではありません。

短距離選手や球技選手に対して低酸素トレーニングは有効か？

元々、持久力の向上をねらいとして開発された低酸素トレーニングですが、２０１０年頃から研究の動向が大きく変化しています。最近の研究では、陸上競技の短距離選手や球技選手など、**「スピード」が重要とされるスポーツ選手に対する低酸素トレーニングの効果**が大変注目されています。私の研究室で実施した研究においては、球技選手を対象に、7秒間の全力での自転車ペダリングを30秒間の休息を挟んで繰り返す運動を、1日あたり合計20セット実施してもらいました。この運動を選手の半数は通常酸素の環

図1-16　球技選手に対する低酸素トレーニングの効果（Kasaiら、2015をもとに作図）

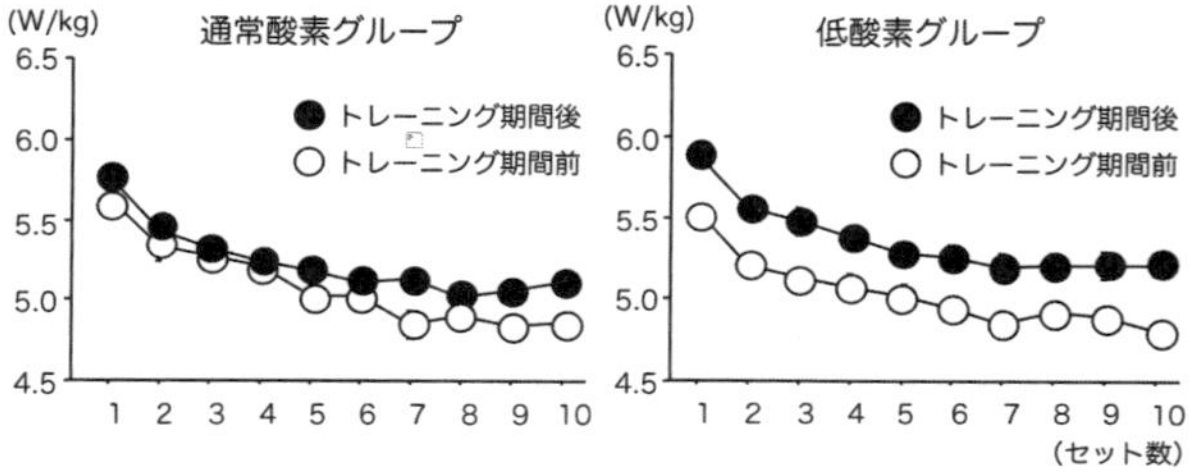

CHECK! グラフは、7秒間での全力ペダリング運動を10セット実施した際の各セットにおける発揮パワーを示したものです。低酸素環境でトレーニングを行ったグループでは、トレーニング期間後において、すべてのセットで発揮パワーが増加しました。

境で、残りの半数は低酸素の環境で実施しました。選手には、通常の球技の練習に加えて、週2回・4週間にわたりこのトレーニングを継続してもらいました。図1-16は、4週間にわたるトレーニング期間の前後で、7秒間の全力ペダリングを10セット繰り返した際の各セットにおける発揮パワーを示したものです。その結果、通常酸素環境でトレーニングを行ったグループでは、10セットの後半セットでのパワーが増加しました。一方、低酸素環境でトレーニングを行ったグループでは、前半セットと後半セットの双方でパワーが増加しました。この結果は、低酸素環境で実施する高強度でのトレーニングが通常酸素環境での同一のトレーニングに比較して、発揮パワーを大きく増加させることを示しています。また、他の研究においても同様の結果が次々と報告され、低酸素環境での高強度トレーニングは10秒以内で終了するような短時間の全力運動を反復する能力（これを間欠的なパワー発揮能力と呼びます）を向上させることが証明されました。サッカーやバスケットボールのような球技では、試合全体を通して数秒間のダッシュやドリブル、ジャンプなどを短い休息を挟んで繰り返す能力が求められます。この点から、低酸素トレーニングは、陸上競技の短距離選手や球技選手に対しても有効と考えられます。

低酸素を使わない低酸素トレーニングとは？

低酸素トレーニングは、スポーツ選手にとって魅力的なトレーニング方法です。その一方で、このトレーニングを実施するためには、「低酸素」を人工的に作り出すことが必要です。しかし近年、「**低酸素を使わない低酸素トレーニング**」が提案されています。

このトレーニングの正体は、「**自発的低換気**（Voluntary hypoventilation at low lung volume)」という方法で、研究者の間では英語の頭文字をとって「ＶＨＬトレーニング」

図1-17　VHLトレーニング時の血液中の酸素量の変化（Woorons ら、2017をもとに作図）

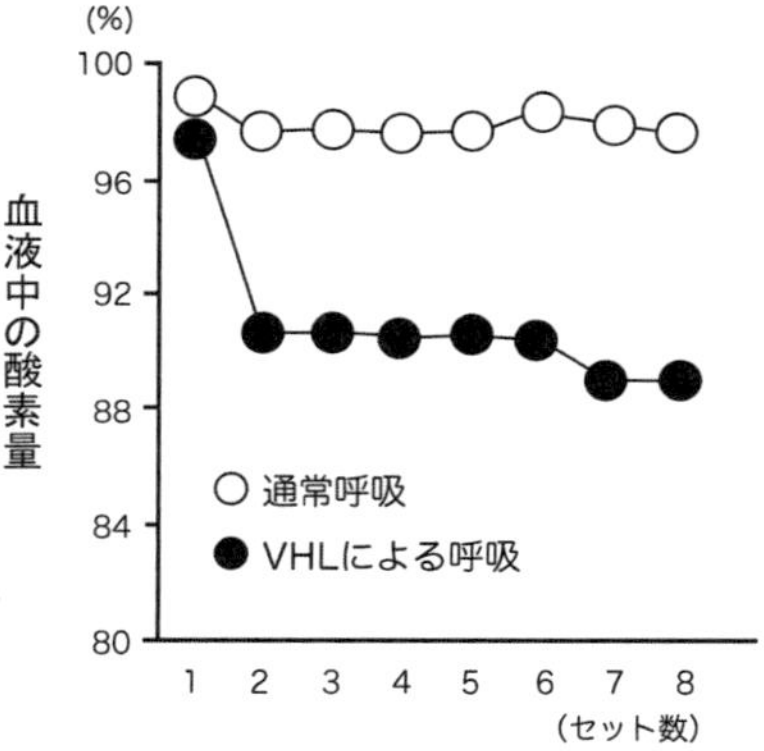

と呼ばれています。ＶＨＬトレーニングでは、短時間（最長でも7秒程度）の全力での運動（ダッシュや自転車ペダリングなど）を、「息を止めた状態」で行います。運動開始直前までは通常の呼吸をし、息を自然に吐いた瞬間に運動を開始します。**運動中は息を止め、運動終了と同時に息を大きく吐き出し、その後、大きく息を吸い込むようにします。**通常のトレーニングと同様に、30秒程度の休息を挟んで、次のセットの運動を開始します。この呼吸方法を用いて、6秒間の全力ペダリングを24秒間の休息を挟んで8セット繰り返した結果、血液中の酸素量（動脈血酸素飽和度）が約10％低下をしました（通常呼吸で同じ運動を実施した場合、そのような低下はみられませんでした）（図1－17）。これは「低酸素トレーニング」でみられる反応と同様です。また、ＶＨＬトレ

ーニングを週2回・3週間（合計6回）継続したグループでは、ペダリングテスト（6秒間の全力ペダリングを30秒間の休息を挟んで10回繰り返すテスト）における発揮パワーが大きく増加しました。一方で、通常呼吸で同一のトレーニングを実施したグループでは、発揮パワーは増加しませんでした。さらに、ラグビー選手を対象にした研究では、40mの全力走を用いて屋外でVHLトレーニングを実施した結果、血液中の酸素量は低下することがわかりました。VHLトレーニングでは、事前に呼吸法の練習を行うことが必要です。また、トレーニング時には血液中の酸素量を測定するなどの安全対策も重要です。トレーニング現場で広く活用するまでにはもう少し時間が必要でしょうが、体育館やグラウンドでも実施できる「低酸素を使わない低酸素トレーニング」として、今後の研究成果が期待されています。

第8講　試合の後半までばてずに動き続けるためには？

――乳酸との上手なつきあい方

サッカーやバスケットボールなどの球技では、ダッシュやジャンプなど高強度での運動を低強度での運動を挟んで繰り返します。これは「間欠的なパワー発揮能力」と呼ばれ、一定の速度でランニングを続ける長距離走とは異なる体力要素が必要です。短時間・高強度での運動を行う際に中心となるエネルギー源は、筋肉のグリコーゲンです。食事を取ると血液中のブドウ糖が増加し、これらは筋肉や肝臓に運ばれてグリコーゲンとして貯蔵されます。短時間・高強度の運動では、筋肉のグリコーゲンを分解することで、運動に必要なエネルギーを速やかに産生しています。この際、酸素を必要としないことから、「無酸素性のエネルギー産生」と呼ぶこともあります。筋肉のグリコーゲンをいかにして素早く分解できるか、このことが「パワフルでスピードのある動き」の鍵を握ります。

一方、筋肉のグリコーゲンを分解してエネルギーを作り出すと、最後に「乳酸」が生じます。「乳酸」という言葉は、耳にしたことのある方が多いでしょう。乳酸は運動によって筋肉内に蓄積し、疲労を引き起こす「悪者」であると長年考えられてきました。このことはすべて誤りではなく、筋肉内に乳酸が蓄積すると筋肉の細胞が酸性化し、グリコーゲンを分解してエネルギーを作り出す反応が阻害されます。しかし研究の結果、**「乳酸は必ずしも悪者ではない」**ことも明らかになりました。

第6講において、筋肉には速筋線維（瞬発力に優れる筋線維）と遅筋線維（スタミナに優れる筋線維）が混じり合っていることをお話ししました。ダッシュやジャンプのような高強度での運動では、おもに速筋線維が使われます。また、速筋線維は遅筋線維に比べてグリコーゲンを豊富に含みますので、「高強度での運動（速筋線維の動員）→速筋線維でのグリコーゲンの分解→乳酸の産生」という反応が生じます。従来の考え方であれば、「乳酸の産生→筋肉の酸性化→疲労」という反応がこの後に続くのですが、速筋線維で作られた乳酸は遅筋線維に取り込まれて、遅筋線維の中でエネルギー源として使用されることがわかりました。また、速筋線維で作られた乳酸は心臓の筋肉（心筋）にも取り込まれ、ここでもエネルギー源として使われるのです。このように、速筋線維で作

図 1-18　乳酸シャトルの概念

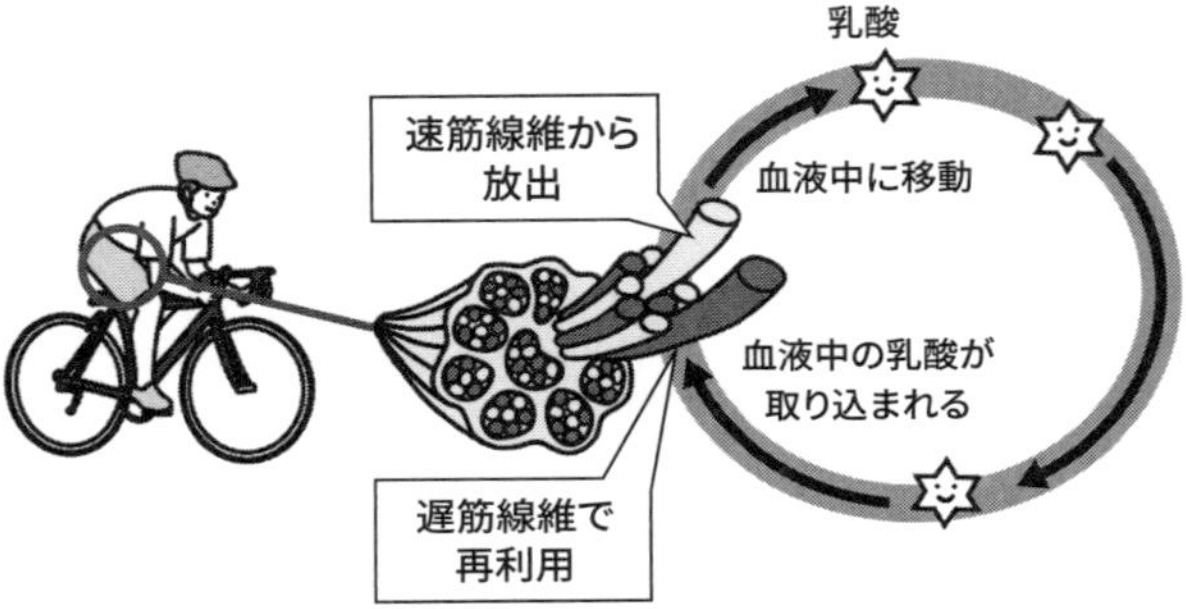

った乳酸を遅筋線維に運び込んでエネルギーとして再活用することを、**「乳酸シャトル」**と呼びます（図1-18）。乳酸シャトルの概念をふまえると、乳酸は単なる疲労物質ではなく、「立派なエネルギー源」として考えるべきです。

球技のプレー中には、「速筋線維での乳酸の産生」と「遅筋線維での乳酸の除去（乳酸シャトル）」が同時に進行しています。したがって、ゲーム後半までばてずに動き続けるためには、「乳酸シャトル」を十分に機能させ、速筋線維で作られた乳酸を遅筋線維で速やかに処理する能力が必要です。これは「耐乳酸能」とも呼ばれますが、数週間のトレーニングによって鍛えることが可能です。実際に、トレーニングを積んだトップレベルのスポーツ選手では、高強度の運動を長時間継続しても乳酸が大きく増加しません。

乳酸シャトルの働きを体感するわかりやすい例は、運動後のクールダウンです。陸上競技場の400mトラックを全力で1周走ると、呼吸は荒くなり、脚の筋肉はパンパンに張った状態になります。立っていることもつらく、地面に座り込む場合が多いでしょう。この際、筋肉（速筋線維）には大量の乳酸が蓄積されています。一方で、地面に座り込まず、ゆっくりと歩くと、脚の筋肉の張りが早期に取り除かれます。実はこの時には、速筋線維で作られた乳酸が遅筋線維に取り込まれ、エネルギーとして再利用されているのです（図1-19）。「激しい運動を行った後、立ち止まらずに歩きましょう」と運動指導の現場でよく言われますが、乳酸シャトルの観点からもきわめて合理的です。

乳酸シャトルを鍛えるトレーニング

それでは、乳酸シャトルを鍛えるにはどのようなトレーニングが有効でしょうか？その答えは非常に単純で、**「毎回のトレーニングで乳酸をたくさん作り、筋肉を乳酸に慣れさせる」**ことがポイントとなります。したがって、ゆっくりとした一定のペースで

図1-19　高強度運動後のクールダウンの効果（塩瀬ら、2011をもとに作図）

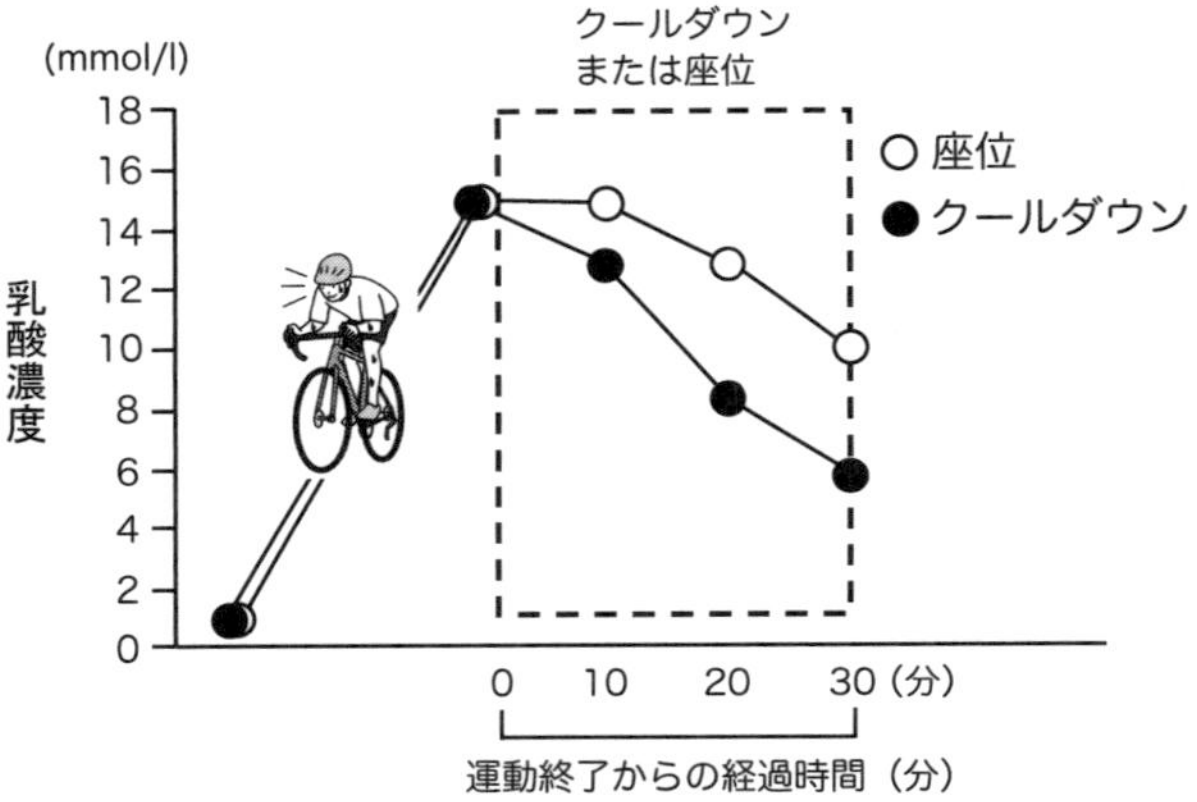

CHECK! 高強度の運動（30秒間の全力ペダリングを2セット実施）終了後、30分間にわたりクールダウン（軽い重さでのペダリング運動）または座位で過ごした際の血液中の乳酸濃度の変化を示したグラフです。高強度運動によって乳酸濃度が大きく上昇しますが、その後にクールダウンを行った際には、乳酸濃度が速やかに低下することがわかります。

30分間走り続ける持久走よりは、短距離（50m以内）のダッシュを短時間（1分以内）の休息を挟んで反復する方法が有効です。また、もう少し長い距離（100〜400m）のダッシュを、数分間の休息を挟んで繰り返す方法も有効でしょう。ただし、いずれも「きつい」トレーニングですので、毎日実施できるものではありません。他のトレーニングや練習内容も考慮した上で、週2日程度、1ヶ月程度継続することを目標に取り入れてみましょう。

第9講　2部練習は「魔法のトレーニング」？

スポーツに熱心に取り組む中で、1日2回練習を行うことがあります。この場合、早朝と午後、午前と午後など幾つかのパターンが考えられます。特に、学校の部活動では、授業がない夏休みや春休み期間に、1日2回練習を行う「2部練習」や「合宿」が実施されることは珍しくありません。さて、1日で2回練習を行う「2部練習」はどのような効果があるのでしょうか？　トレーニング科学の視点から解説します。

長時間の運動（練習）を行うと、筋肉のグリコーゲンが大きく減少します。運動後に十分な食事と睡眠をとった場合、24時間後にはグリコーゲンは元のレベルに回復します。したがって、翌日の練習はグリコーゲンが回復した状態で実施することが可能です。一方、午前中にハードな練習を行い、昼食と数時間の休息を挟んで再び午後に練習を行う「2部練習」では、午後の練習開始時にグリコーゲンは回復をしていません。この状態で練習を行いますので、午後の練習終了時には筋肉のグリコーゲンがさらに低下し、大きな疲労が生じます。

しかし、1回目の練習でグリコーゲンが減少し、不完全な回復の状態で2回目の練習を行うことで、長期的には大きな効果（持久力の向上）のみられる可能性が注目されています。このきっかけとなったのは、2005年にデンマークの大学から発表された研究結果です。この研究では、同一個人の右脚と左脚に異なるトレーニングを実施しました。毎回のトレーニングは1時間とし、一方の脚（例：右脚）は1日1回のトレーニングを週5日（月～金）実施します。この場合、1日1回のトレーニングですので、毎回のトレーニングによってグリコーゲンは減少しますが、翌日のトレーニング開始時には完全に回復しています。これに対して、逆側の脚（例：左脚）では、月・水・金曜日（2週目は火・木曜日）に、1回目のトレーニング（1時間）を行った2時間後に2回目のトレーニング（1時間）を実施します。この場合、1回目のトレーニング終了から2時間しか経過していませんので、グリコーゲンが十分に回復しない状態で2回目のトレーニングを実施することになります。土曜日と日曜日は、いずれの脚も完全休息です。複雑な実験デザインですが、右脚は1日1回の練習を週5日実施し、左脚は1日2回の2部練習を週2～3日実施することになり、2週間でのトレーニング回数（10回）には

図1-20　1日1回 vs. 1日2回のトレーニングメニュー（2週間分）（Hansenら、2005をもとに作図）

	月	火	水	木	金	土	日	月	火	水	木	金	土	日
1日1回	●	●	●	●	●			●	●	●	●	●		
1日2回	●●		●●		●●				●●		●●			

●1時間のトレーニング

CHECK! 片方の脚で1日1回、逆側の脚で1日2回のトレーニングを10週間行い、その効果の大きさを比較しました。

右脚と左脚の間で差がありません（図1－20）。このトレーニングを合計10週間継続し、どれだけ効果がみられたかを右脚と左脚で比較しました。

2部練習の結果、グリコーゲンが増加した

図1－21は、合計10週間のトレーニング期間前後で、筋肉の持久力（スタミナ）がどれだけ向上したのかを示したグラフです。この研究では、片脚での膝の曲げ伸ばし運動を一定のテンポで繰り返し、徐々に重量を増加させた際の運動継続時間によって筋肉の持久力を評価しました。その結果、1日1回のトレーニングを実施した脚では、運動継続時間が5・6分（対象者7名のトレーニング前の平均値）から11・9分（トレーニング後の平均値）まで延長しました。運動継続時間が約2倍伸びたわけで

すから大きな効果です。一方、逆側の脚では（1日2回のトレーニングを週2～3日）、5・0分（トレーニング前の平均値）が19・7分（トレーニング後の平均値）まで延長しました。**運動継続時間が約4倍になるという驚くべき効果**です。この理由として、1日2回のトレーニングを週2～3日行った脚では、筋肉のグリコーゲンがトレーニング期間の前後で約70％も増加したことがあげられます。毎回のトレーニングではグリコーゲンは大きく減少するのですが、トレーニングを継続することで筋肉に蓄積できるグリコーゲン量が増加するのです。これに対して、1日1回のトレーニングを週5日実施した脚では、トレーニング期間前後で筋肉のグリコーゲン量は増加しませんでした。

図1-21　10週間のトレーニング前後での運動継続時間の変化（Hansenら、2005をもとに作図）

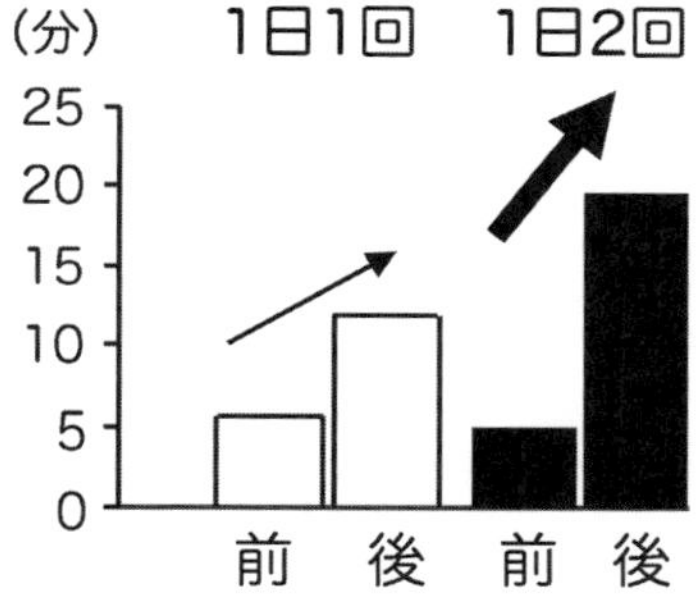

　デンマークで実施されたこの研究の結果は、私を含め、多くの研究者を驚かせました。しかし、この研究に参加した対象者は一般の大学生であり、

スポーツ選手ではありませんでした。そこで、オーストラリアの大学が、その後、スポーツ選手（自転車のロードレースの選手）を対象に追加の研究を実施しました。その結果、筋肉のグリコーゲン量は2部練習を行ったグループでのみトレーニング期間前後で増加しました。日頃からトレーニングを行うスポーツ選手においても、「1日2回のトレーニング（2部練習）効果」が証明されたのです。

2部練習は「魔法のトレーニング」か？

デンマークとオーストラリアで実施された2つの研究結果をふまえると、2部練習は「魔法のトレーニング」のように感じるかもしれません。ただし、これらの研究には、重要な「ある共通点」が含まれています。それは「**2部練習を行ったグループでは、翌日にトレーニングを行っていない**」ということです。長時間の運動（練習）によってグリコーゲンを大量に消費すると、その回復には約24時間が必要です。したがって、2部練習を毎日行うと、午後の練習から次回（翌朝）の練習までにグリコーゲンは回復しない可能性が高いのです。このような状態で練習を継続すると、筋肉のグリコーゲンが

図 1-22　理想的な 2 部練習の取り入れ方

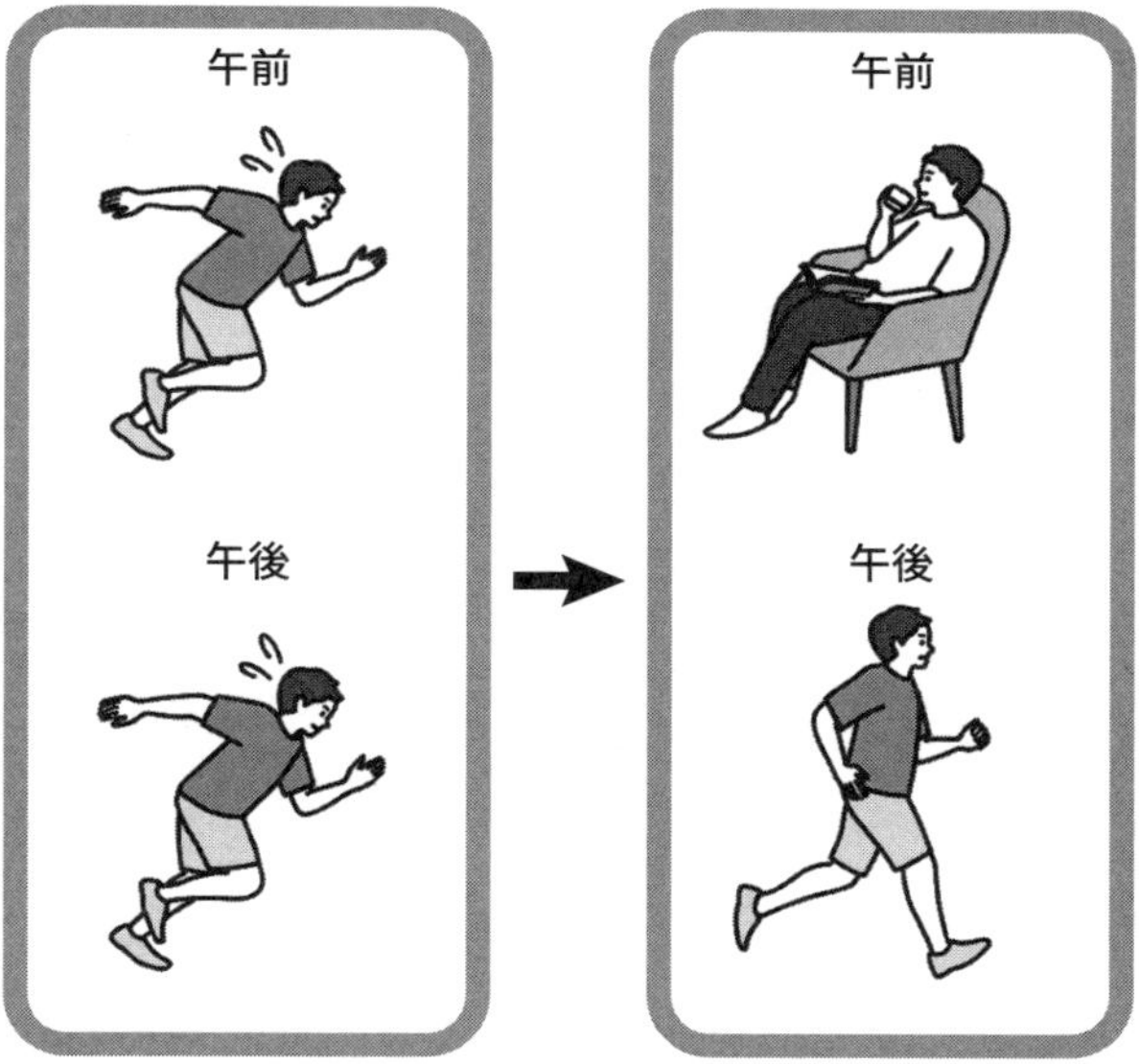

CHECK! ハードな 2 部練習の次の日は休息をとったり練習の強度を下げるなどの工夫が必要です。

日々減少し、慢性的な疲労感が次第に増加します。そして、本来のトレーニング効果が得られないだけでなく、モチベーションの低下など「心の疲労」が増加する可能性もあります。したがって、ハードな2部練習を行う場合には、少なくとも翌日の最初の練習は強度を下げ、身体への負担を少なくすることが必要です（図1-22）。あるいは、1週間程度、ハードな内容で2部練習を繰り返すのであれば、その後の1週間は練習量を大きく減らすことが重要です。トレーニングは毎日クタクタになるまで実施すれば良いのではありません。1週間または1ヶ月の中で強弱をつけ、「頑張る日（週）」と「頑張らない日（週）」を設けることが最新の科学に基づいた考え方です。「休息＝サボる」ではありません。科学的な視点から、「**計画的に休む**」ことが怪我やオーバートレーニング、バーンアウトなどのリスクを減らし、競技力を高めることに繋《つな》がるのです。

第10講　暑い環境で動き続けるには？

最高気温30℃以上の日を真夏日、35℃以上の日を猛暑日と呼びますが、温暖化の影響もあってか夏には多くの地域で猛暑日が続きます。消防庁の報告によると、熱中症による救急搬送は、令和5年の5～9月にかけて9万1467件に達し、特に、7～8月に多発しています。屋内、屋外を問わず、暑い環境でスポーツを行う際には、熱中症の予防に細心の注意が必要です。

暑い環境での運動時は体温が大きく上昇します。一般に、体温は腋下《えきか》で測定しますが、研究では身体の奥の温度（これを深部温と呼びます）を専用のプローブやカプセルタイプの温度計を使って評価します。その結果、室温35℃で長時間運動を行った場合には、深部温が38・5℃を超えることもあります。また、暑い環境での運動では大量に発汗するため、血管の中を流れる水分量が減少し、粘性をもった状態となります。「さらさら」とした本来の血液の状態ではなく「粘り気をもった（血液の濃縮）」状態となりますので、血液が流れにくい状況となります。これによって心拍数は増加し、心臓への負担が大きくなります。汗には塩分（ナトリウム）が含まれますので、発汗に伴い血液中の塩分が急激に減少し、このことも筋肉の活動に悪影響を及ぼします。さらに、発汗と汗の蒸発によって身体の熱を放散するため皮膚の血管が拡張し、皮膚の血流量も大幅に増加します。運動中は筋肉の血流量も増加しますので、身体の中で「血液の奪い合い」が起こります。その結果、脳に供給される血液量も低下し、集中力や判断能力の低下、目眩《めまい》などの原因にもなります（図1－23）。このように、暑い環境での長時間運動は身体にとって過酷であり、涼しい環境と比べると運動能力は低下します。

「暑熱順化トレーニング」とは？

暑さに慣れる特別なトレーニングのことを「**暑熱順化トレーニング**」と呼びます。スポーツ科学の世界では、東京で開催されたオリンピックおよびパラリンピック大会に向けて、暑熱順化トレーニングの研究が盛んに行われました。一般的な暑熱順化トレーニングは、室温を30℃以上に設定した環境で、1回あたり60分程度の持久性運動（自転車ペダリングやランニングなど）を約1週間継続します。暑熱順化トレーニングを行うこと

図 1-23　暑い環境での運動時の血液の配分

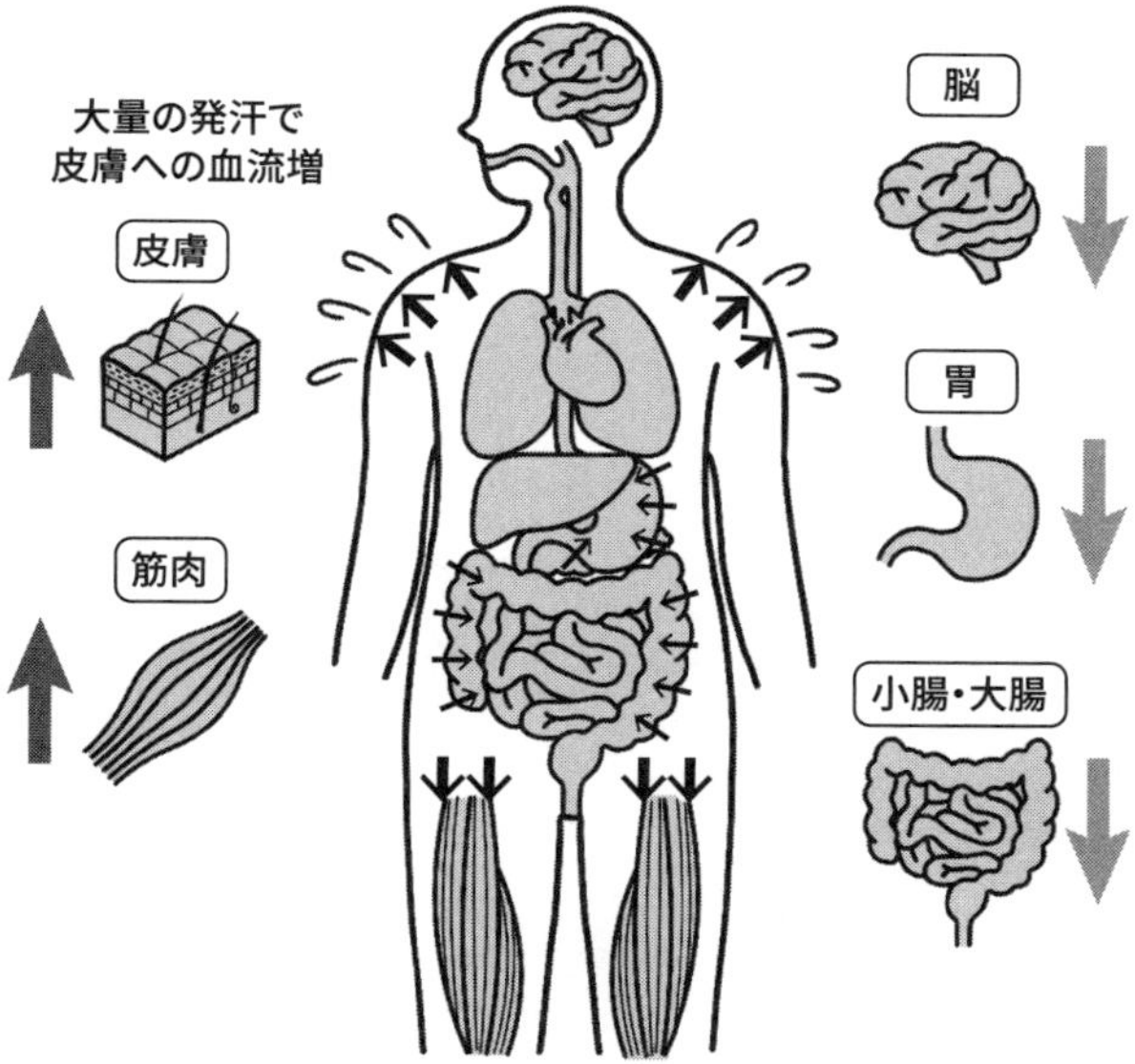

で、体温の調節能力が向上し、暑い環境で運動を行った際の深部温の上昇が緩和されます。また、血管の中を流れる血液量が増加しますので、発汗による血液の濃縮を避けることができます。このような理由から、夏に試合を控えたトップレベルのスポーツ選手では、夏前から暑熱順化トレーニングを計画的に取り入れるケースもみられます。

一方、室温30℃以上に設定できる特殊な実験室を、多くの人々は利用できません。しかし、このような施設がなくても、「暑熱順化トレーニング」は実施可能です。1つ目の方法は、重ね着を用いたトレーニングです。本格的に暑くなる前の時期（4～6月）から、運動時にウインドブレーカーなどで重ね着を行い、身体を暑い環境に慣れさせる方法です。ただし、この際、水分補給を十分に行うことが重要です。また、暑さに身体を慣らすことが目的ですので、強い運動は必要ありません。低強度での運動を30分程度行うことを目標にしてください。2つ目の方法は、入浴です。気温が上がるにつれて、湯船に浸からずシャワーで済ませてしまう人がいるかもしれません。これに対して、熱めのお湯に肩までしっかりと浸かる「入浴」が暑熱順化に役立つことは研究でも実証されています（サウナでも同様の効果を期待できます）。「暑熱順化」という目的からも、毎晩の入浴時には湯船に浸かることをオススメします。この場合、20～30分浸かり続ける方法もありますが、「10分程度浸かり、湯船から外に出て、再び浸かること」を数回繰り返す方法でも良いでしょう。

もう1点、大切なことは、暑い環境での運動や入浴後の栄養補給です。暑い環境での運動前や運動中の水分摂取の重要性は、誰もが理解しています。また、大量の発汗を伴う場合には、スポーツドリンクなど塩分（ナトリウム）を含んだ飲料も推奨されます。これらに加えオススメするのが、**「タンパク質」の摂取**です。暑熱順化トレーニングを1週間程度行うと血液中の水分量が増加しますが、この効果には「アルブミン」という血液中のタンパク質が深く関わっています。アルブミンには血液中で水分を保持する役割があり、暑い環境での運動や入浴後には血液中のアルブミンを増加させることが血液中の水分量を増やすことに繋がります。そのため、タンパク質を摂取するのです。「タンパク質は筋力トレーニング後に……」と思われるかもしれませんが、暑い環境での運動後にも積極的に摂取するようにしてください。この点でも、練習や運動後の牛乳摂取がオススメです。最近では、タンパク質を豊富に含んだ飲料や軽食も販売されています

図1-24　暑熱順化トレーニングの「繰り返し効果」

ので、自宅外でもタンパク質を手軽に摂取できるようになりました。特に、春～夏にかけては、暑さ対策として「練習（運動）後や入浴後のタンパク質摂取」を積極的に取り入れてみてください。

暑熱順化トレーニングの効果は、そのトレーニングを中止すると徐々に失われます。一方、数週間後に、同じ暑熱順化トレーニングを実施した場合には、1回目と比べ短期間で暑熱順化を獲得できることがわかっています（図1-24）。この特徴を活用して、暑さが本格化しない5月頃に重ね着を用いて1週間程度の暑熱順化トレーニングを実施し、その後、数週間毎に短期間（数日間）の暑熱順化トレーニングを取り入れる戦略も有効でしょう。

第2章

リカバリー・コンディショニング編

第11講　その練習、本当に必要ですか？

「トレーニング」という言葉から何を連想しますか？　「筋力トレーニング」「持久力トレーニング」「低酸素トレーニング」など様々なキーワードが頭に浮かぶかもしれません。また、「トレーニング＝頑張る（根性）」と即座にイメージする方も多いでしょう。この本でも紹介する通り、スポーツ科学の研究の発展はめざましく、新しいトレーニングが次々と発表されています。一方で、**大きなトレーニング効果を得る上で、「休息」が鍵を握る**ことには十分に注意が向けられていません。

「最新の科学的トレーニング」であっても、適切に休息を取らなければ本来のトレーニング効果は得られません。論より証拠として、一つの研究結果を紹介します。この研究では、男性10名が2つのいずれかのグループに分類され、合計14回のトレーニングに参加しました。トレーニングには自転車エルゴメータを使用し、全力での15〜30秒間の全力ペダリングを最大で14セット実施するというハードな内容です。Aグループでは、合計14回のトレーニングを週2〜3日の頻度で6週間かけて実施しました。週2〜3日の実施ですので、トレーニングを実施した翌日は必ず休息日となります。一方、Bグループでは、合計14回のトレーニングを、14日間連続で実施しました。つまり、Aグループが6週間かけて実施したトレーニングを、Bグループでは休息日を挟まずに2週間で終わらせたことになります。

図2-1　Aグループと Bグループにおけるトレーニング効果の違い（Parra ら、2000 をもとに作図）

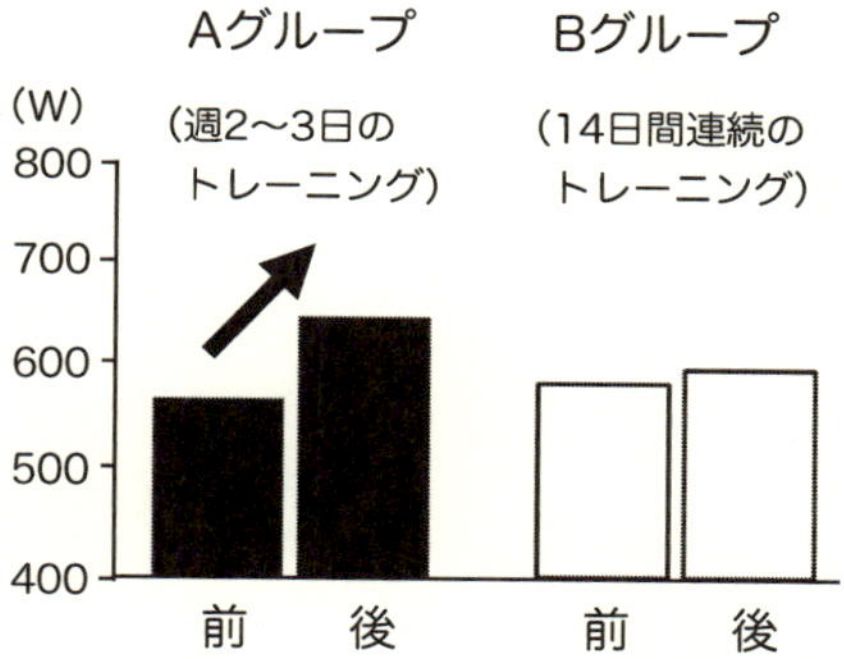

CHECK! Aグループにおいてのみ発揮パワーが増加しました。

図2-1は、合計14回のトレーニングを実施した前後に30秒間全力ペダリングテストを実施した際の発揮パワーを示したものです。Aグループでは、トレーニング期間後にパワーが増加しました。これに対して、Bグループでは、Aグループと同じ14回のトレーニングを行ったにもかかわらず、発揮パワーは全く増加しませんでした。まさに、「本来、効果のあるトレーニングであっても、休息が不足するとトレーニング効

果が得られない」ことを示しています。

トレーニング効果は休んでいる間に得られる

トレーニング効果は「トレーニング中に得られる」と考える方もいますが、これは大きな誤りです。筋力トレーニングを例にすると、トレーニング中には筋線維が傷つき、最大筋力は一時的に低下します。また、持久力トレーニングであれば、筋肉のグリコーゲンが減少しますので、「トレーニング中」に体力が向上することはあり得ません。一方、トレーニング終了後の休息中には、筋肉にアミノ酸（タンパク質が分解された物質で、筋肉づくりの材料となります）が取り込まれ、筋線維の修復が進みます。また、筋肉のグリコーゲン量は急速に回復します。最大筋力や持久力はトレーニング終了時点では大きく低下しますが、休息中に回復し、トレーニング前よりも高い値（超回復）を示すこともあります。このように、**トレーニングの効果は「トレーニング中」ではなく、「休息中」に生じる**のです。したがって、トレーニング後に十分な休息を挟まなければ、トレーニング効果が小さくなることは当然です。

図 2-2　トレーニングは頑張る日と頑張らない日、頑張る週と頑張らない週を設けることが重要。さらに週 1 回は計画的に休んで怪我のリスクを軽減しよう。

日本では、「休む＝さぼる、楽をする」と判断する風潮が依然として強いのかもしれません。また、「1日練習を休むとそれを取り戻すのに3日かかる」といった根拠のない話を耳にすることもあります。しかし、トレーニング科学の観点からすると、「毎日100％の力で頑張り続けること」は合理的ではありません。1週間の中で頑張る日と頑張らない日（練習量を少なくする日）を設ける、1ヶ月の中で頑張る週と頑張らない週を設ける（図2－2）、この考え方が長い目でみると競技力を向上させ、怪我《けが》やオーバートレーニングのリスクを軽減させるのです。

第12講　「オーバートレーニング」とは？

激しい運動や練習を行うと疲労しますが、これは「一時的な疲労感」であり、時間が経過すると解消します。1回練習を行い、1週間経っても疲れがとれないということはないでしょう。これに対して、休息が不足した状態で長期間にわたりトレーニングを継続すると、慢性的な疲労感が生じます。これは「疲労が蓄積した状態」であり、数日間休んでも疲労感は解消しません。このような状態を「**オーバートレーニング**」と呼びます。

オーバートレーニングは、「過剰なトレーニングによって、心身の疲労が蓄積した状態」と定義されます。ここでのポイントは「**心身の疲労**」という部分です。「身体の疲労」に加え「心の疲労」も発生します。具体的には、トレーニングに対するモチベーションの低下、自分に対する自信（自己肯定感）の低下、気分の落ち込みや憂鬱《ゆううつ》な気分（抑うつ感の増加）などがあげられます。身体の疲労に関しては、運動パフォーマンスや競技成績が低下する、練習ですぐに息があがってしまう、身体を重く感じるなどの特徴があげられます。また、オーバートレーニングに陥ると、確実に睡眠が悪化します。寝つきが悪い、眠っても夜間に目が覚めてしまう（中途覚醒）、起床時に熟睡感が得られない（睡眠の質の低下）などの自覚症状がみられます（図2－3）。これらの兆候がみられた際には、一旦、練習を中止し、指導者や周りの方に相談をすることが重要です。決して、自分一人で問題を抱え込んではいけません。

オーバートレーニングは、ある日突然起こるものではなく、必ずその予兆があるものです。したがって、**日常的に「身体の疲労」と「心の疲労」をチェックする習慣が重要**です。身体の疲労は、主観的な感覚に加えて、定期的に実施する運動テストの記録（50m走、20mシャトルランテストの記録、筋力トレーニングにおける各種目の最大挙上重量など）の変化に注目すると良いでしょう。心の疲労は、競技に対するモチベーションや自分への自信などを定期的にチェックすると良いでしょう。研究では、POMS（気分プロフィール検査）やDASS21（The depression anxiety stress scales）などの質問紙を使用しますが、最近では、スマートフォンでの管理が可能なコンディション記録サービスも登場しています。その他、睡眠の質、体重なども、毎朝、確認することが重要です。

図2-3　オーバートレーニングの特徴。次の症状が出たら要注意！（Kentta と Hassmen、1998 をもとに作図）

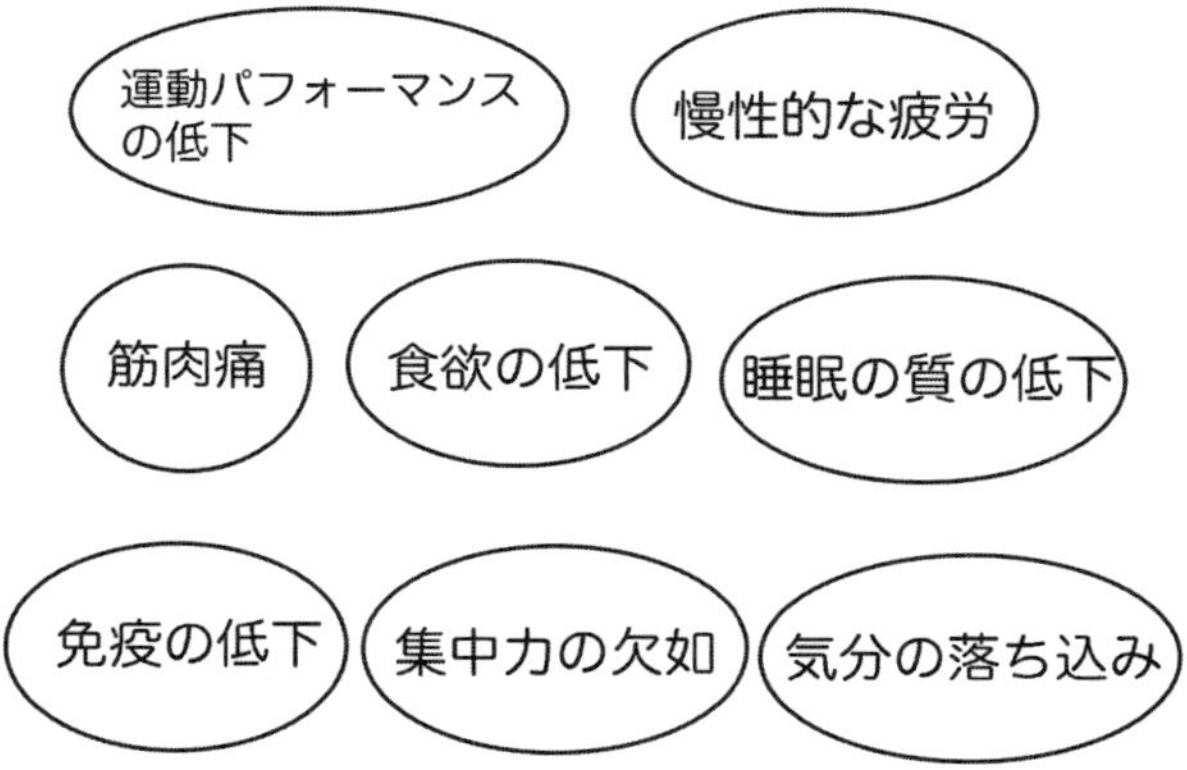

これらの数値に継続して悪化がみられた場合には、速やかな対応が必要です。一旦、オーバートレーニングに陥ると、競技への復帰には長い時間（数ヶ月以上）を要します。「勝ちたい」「もっと頑張らないといけない」という想《おも》いに圧倒され、心身が発する悲鳴を見過ごすことがあってはいけません。

オーバーリーチングの上手な活用法

オーバートレーニングが慢性的な心身の疲労を指すのに対して、**オーバーリーチングは短期間の疲労**を指します。この場合、1週間弱の合宿をイメージすると良いでしょう。連日、午前・午後と練習が続き、筋肉痛も継続します。合宿期間中は大きな疲労感が継続しますが、合宿が終わり、1週間程度の休息期間を挟むと疲労感が消失します。気力がみなぎり、合宿前よりも身体が軽く感じる、以前よりも重い重量で筋力トレーニングを実施できる、このような経験をもつ方もいらっしゃるでしょう。オーバーリーチングはオーバートレーニングの初期状態であり油断できませんが、上手に活用することも可能です。

この一例として、1つの研究結果を紹介しましょう。この研究では、合計18日間のトレーニング（12日間のトレーニング＋6日間の休息日）を計画しました。トレーニングには、自転車エルゴメータでの30秒間全力ペダリングを用いて、参加者の半数は「2日間連続でのトレーニング＋1日の休息」を18日間の中で6回繰り返しました。これに対して、残り半数の参加者は、「12日間連続でトレーニングを行い、その後の6日間は休息」としました。2つのグループでの合計のトレーニング日数（12日間）と休息日数（6日間）は同じです（図2-4）。

その結果、12日間連続でトレーニングを行ったグループでは、12日目までの間に、発揮パワーは大きく増加しませんでした。一方、その後の6日間の**休息期間後に、発揮パ**

図2-4　各グループのトレーニングスケジュール（Hasegawaら、2015をもとに作図）

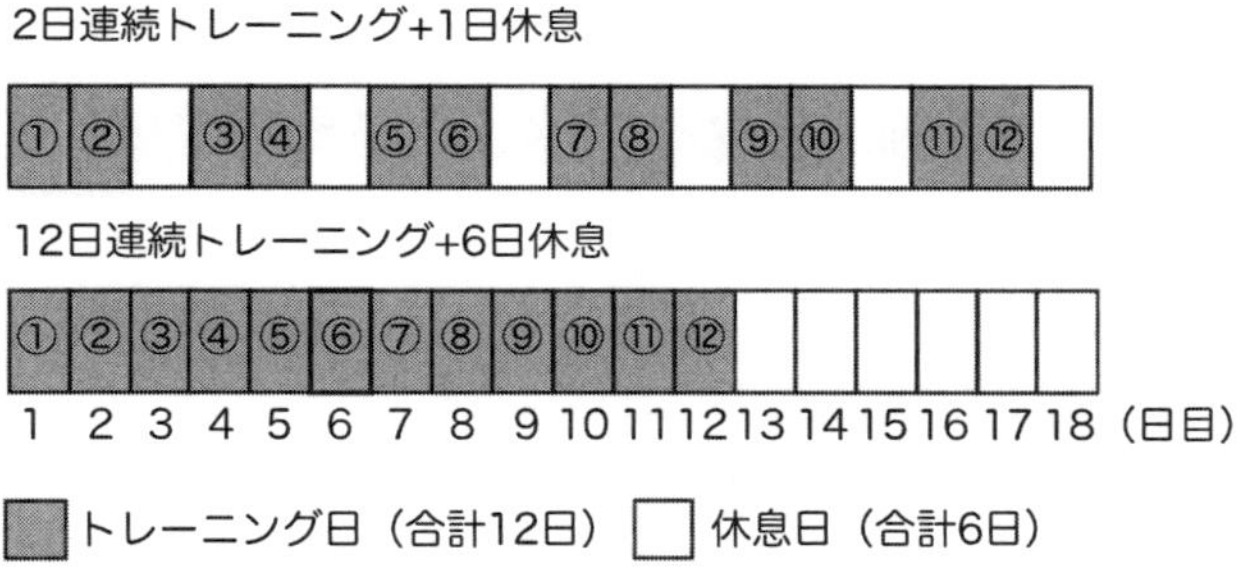

ワーが急激に増加しました。また、興味深いことに、6日間の休息期間後に記録されたパワーは、「2日間連続でのトレーニング＋1日の休息」を繰り返したグループのトレーニング期間後のパワーを上回りました。

このように、ある程度の期間、練習を詰め込みあえて疲労を蓄積させ、その後は一気に練習量を減らす（あるいは、完全に休息する）という「戦略」は活用できるでしょう。ただし、意図的にオーバーリーチングを引き起こした後には、必ず練習量を大幅に減らさなければいけません。「頑張る週」と「頑張らない週」を設けるのです。オーバートレーニングを防ぎ選手を守るためにも、「頑張らない期間」を設ける必要性を常に頭に入れておかなければいけません。

第13講　試合前日までトレーニングを行うべきか？

大事な試合を1週間後に控えた場合、前日までハードにトレーニングや練習を行うべきでしょうか？　試合に向けて少しでも多くの練習を……と考えるかもしれませんが、残念ながらそのような調整法はオススメできません。これとは逆に、試合の数週間前から練習量を減少させ、試合当日に最高の状態をつくる調整法のことを「テーパリング」と呼びます。

テーパリングの有効性はこれまでにも十分に明らかにされています。陸上競技の長距離選手を対象にした研究では、試合前の7日間、通常のトレーニング量を維持した場合と通常からトレーニング量を85％減少させた（テーパリング）場合の効果を比較しました。その結果、テーパリングを行った条件では、5㎞走の記録が約3％、ランニングエコノミー（ランニング時のエネルギー産生の効率を評価する指標）の記録が約6％改善したのに対して、通常のトレーニング量を維持した場合では変化しませんでした。また、水泳選手を対象に3週間のテーパリングの効果を検証した研究では、テーパリング期間の前後で「スイムベンチ」と呼ばれる専用の機器を用いて、水泳（クロール）の動作時に腕が発揮したパワーの大きさを計測しました。その結果、テーパリング期間後に発揮パワーが増加すること、また、早い動きでこの効果は特に大きいことが明らかになりました。さらにこの研究では、筋生検という手法を用いて選手の腕の筋肉の一部を摘出し、筋線維の収縮力まで調べています。すると、テーパリング期間後には、特に、速筋線維での発揮パワーが大きく増加しました（図2－5）。速筋線維は、瞬発力に優れる筋線維です。したがって、試合前のテーパリングは、瞬発力やスピード、大きなパワー発揮が求められる種目（陸上競技の短距離や跳躍、球技、柔道やレスリングなど）で特に有効と考えられます。

テーパリングを開始する時期は、試合から逆算して1～3週間前が一般的です。「1～3週間」と幅がありますが、テーパリングを行う直前のトレーニング量によって変化します。たとえば、テーパリングを開始する直前まで合宿などを行い疲労が蓄積をしている場合には、テーパリング期間は長く設定します。一方、テーパリングを開始する直前が通常の練習量である場合には、テーパリング期間は1週間程度で十分でしょう。テ

図2-5　水泳選手における3週間のテーパリングの効果
（Trappe ら、2000 をもとに作図）

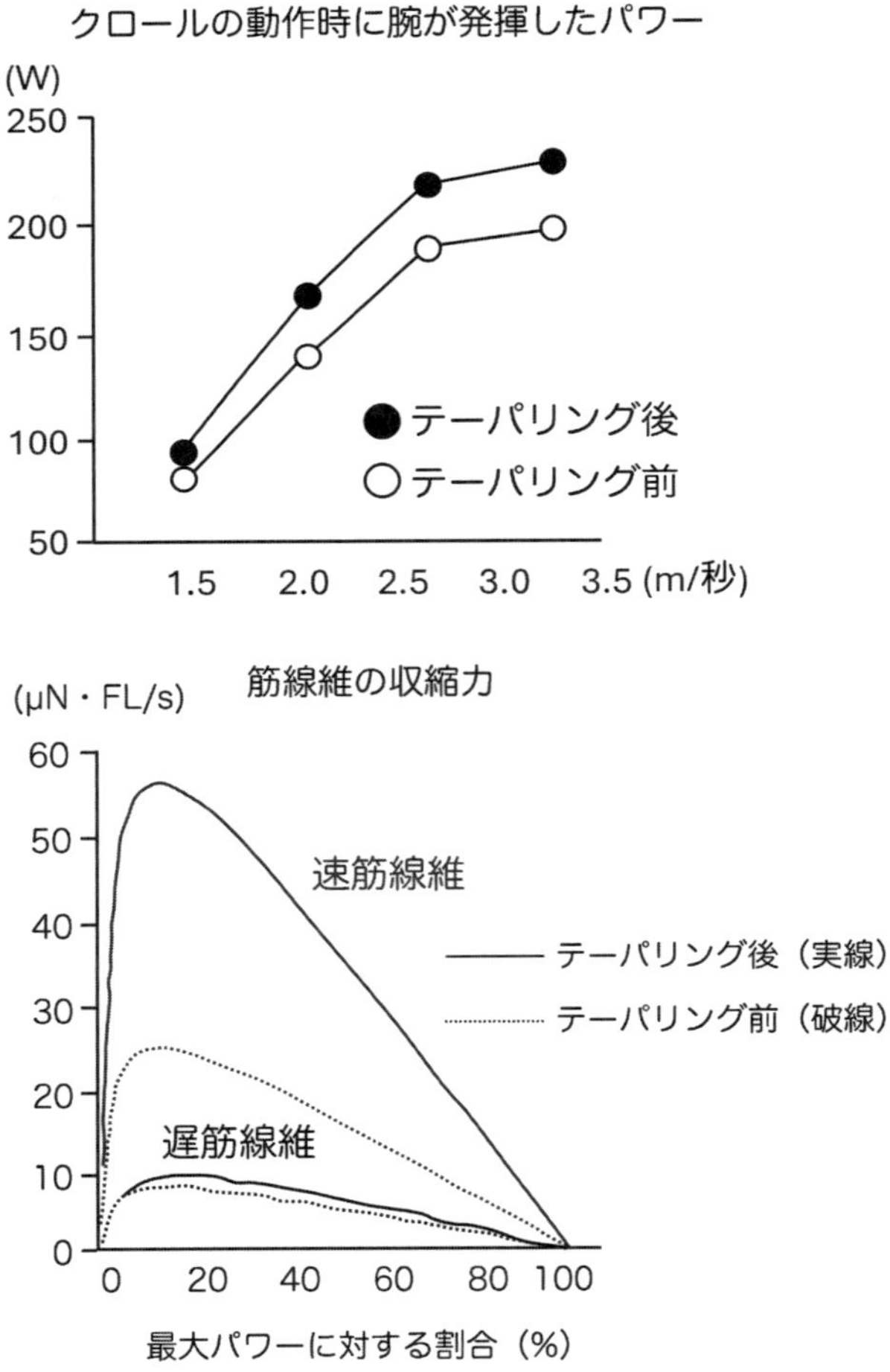

ーパリング期間は練習量を徐々に低下させ、その代わりに技術や戦術練習の割合を増やします。２０２３年に発表された論文では、調査対象となった研究の85％において、テーパリング後に心理状態が改善していました。また、この要因として、「活力の増加」と「疲労感の軽減」があげられています。このように、テーパリングは試合に向けて心理状態を整える上でも効果的です。

第11講（休息とトレーニング効果との関係）、第12講（オーバートレーニングとオーバーリーチング）の内容とも重複しますが、「練習量を減らす＝さぼる」「強くなる＝練習量を増やす」という発想ではなく、**「練習量を減らすことで最高のパフォーマンスを獲得する」**という「前向きな姿勢での休息」を取り入れてみましょう。

第14講　運動後に筋肉を冷やすべき？　それとも温めるべき？

私が子どもの頃には、野球のピッチャーが投球後に肩や肘を冷やす光景を目にすることは少なかったと記憶しています。しかし今では、投球が終わった投手がベンチで肩や肘を冷やすことは当然のケアとして認識されています。また、疲労からの回復を促すために、練習後に氷の入った冷水（アイスバス）に腰まで浸かり筋肉を冷却する方法も使用されています。

運動後に氷や冷水などで筋肉を冷却する方法を「**クライオセラピー**」と呼びます。激しい運動を行うと、筋線維に微細な損傷が生じ、運動終了後から徐々に筋肉で炎症反応が進行します。また、痛みを引き起こす物質も増加し、運動翌日には筋肉痛が発生します。一方で、運動直後にクライオセラピーを行うと、筋肉の温度が一時的に低下します。また、血管が収縮し、筋肉の血流も一時的に減少します。このことが、運動後に徐々に進行する炎症反応や筋肉痛の発生を抑えるというのがクライオセラピーの考え方です（図2-6）。

図2-6　運動後のクライオセラピーに期待される効果

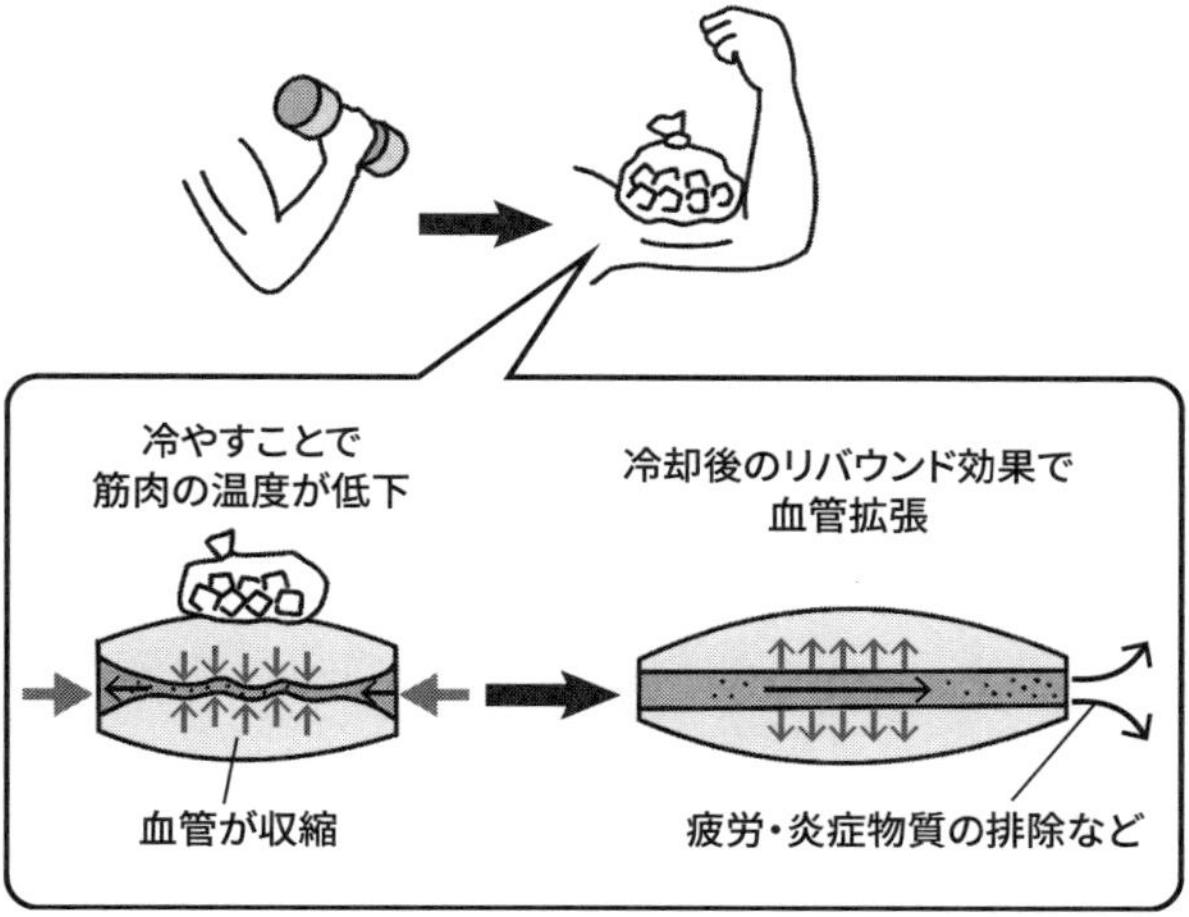

クライオセラピーの効果は、研究で十分に明らかにされています。これらの研究では、筋力トレーニングや長時間のランニングなど、筋肉痛の発生しやすい運動の終了後に、水温10～15℃のアイスバスに10～15分間、下半身全体を浸ける方法が用いられています。たとえば、2014年に発表された研究では、筋力トレーニング終了後に10分間冷水（水温10℃）に浸かるクライオセラピーによって筋肉の温度が約7℃低下し、筋肉の損傷反応が小さくなりました。また、運動後6時間の時点でスクワット（10回×6セット）を行い、その際の発揮パワーを

調べた結果、運動直後にクライオセラピーを行った条件は、運動直後にクールダウン（軽い負荷でのペダリング運動）を行った条件に比較して発揮パワーが大きくなりました。この結果は、運動直後のクライオセラピーがクールダウンに比較して**筋肉の損傷を抑え、筋肉のパワーの回復に有効**であることを示しています。

運動後に筋肉を温めるという発想

一方、運動後にクライオセラピーを行い、筋肉の温度を低下させることを問題視する考え方もあります。たとえば、1回目の運動終了1〜2時間後に2回目の運動がある場合、1回目の運動後に筋肉を冷却し筋肉の温度を下げることで、2回目の運動での発揮パワーが低下することが不安視されます。そこで登場した考え方が、**運動後に筋肉を温める**という方法です。クライオセラピーは筋肉を冷却し血流を低下させるケアであるのに対して、筋肉を温めると血流は増加します。血流を増加させた状態を運動後に維持することで、血液中のブドウ糖やアミノ酸が筋肉の中に取り込まれやすくなり、その結果、疲労の回復が早くなるという考え方です。２０１７年に発表された研究では、両腕を使

図2-7　運動後の筋肉の加温が発揮パワーに及ぼす影響
(Chengら、2017をもとに作図)

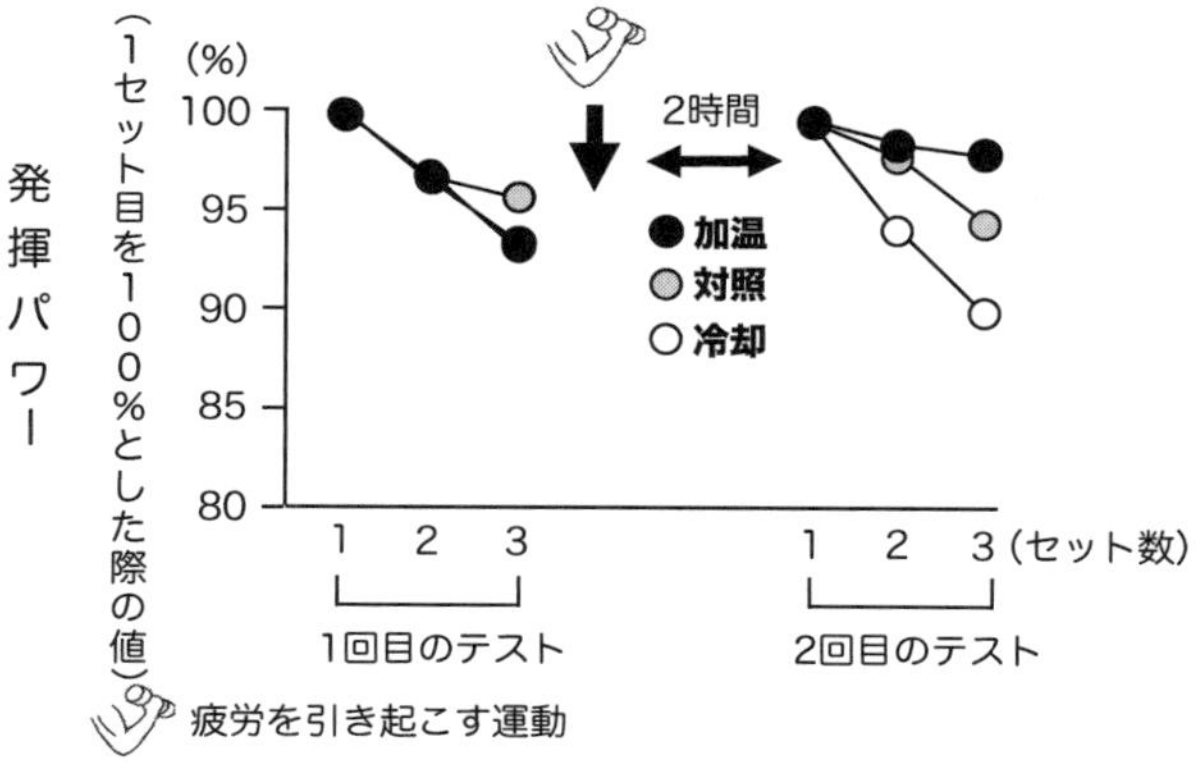

CHECK! この研究では、両腕を使った1回目のテストの直後にハードな運動を行い疲労を引き起こしました。その後、筋肉を「加温」「冷却」「何もしない（対照)」場合の2回目のテストにおける発揮パワーを比較しています。その結果、筋肉を加温した条件では発揮パワーの低下が抑えられたのに対して、筋肉を冷却した場合には、発揮パワーが大きく低下したのです。

ったハードな運動終了後に、①筋肉を温める条件、②筋肉を冷やす条件、③何も行わない条件の3つを設け、運動終了2時間後に2回目の運動を行った際の発揮パワーを比較しています。その結果、運動後に筋肉を冷やした条件では筋肉の温度が約33℃から約15℃まで低下しました。一方、運動後に筋肉を温めた条件では、筋肉の温度は約38℃まで上昇しました。さらに、2回目の運動時の発揮パワーは、筋肉を温めた条件が筋肉を冷やした条件に比べて大きいことがわかりました（図2-7）。運動後に筋肉を温める効果を検討した研究は依然として少ないですが、1回目と2回目の運動の間隔が比較的短い（～約2時間）場合には、筋肉を温め、筋肉の温度を高く維持する方法が好ましいでしょう。一方、運動の間隔が長い場合（6時間以上）には、1回目の運動の後にクライオセラピーを行い、筋肉を冷却する方法は有効と考えられます。したがって、「運動後に筋肉を冷やすべき？　温めるべき？」という質問に対する答えは一つではなく、「**次の運動をいつ行うか？**」**によって判断**しましょう。

第15講　着ているだけでリカバリーが促進される？
――コンプレッションウェア着用の効果

「コンプレッションウェア」とは、特殊な着圧を施したスポーツウェア全般を指しています。通常のスポーツウェアよりも着圧が強く身体にフィットし、運動中に着用された経験のある方もいらっしゃるでしょう。今回は、コンプレッションウェア着用の効果について説明します。

運動中のコンプレッションウェア着用の効果を検証した研究は多数みられますが、研究結果は一致しておらず、すべての研究で良い効果が示されたわけではありません。一方、私の研究室で過去に実施した研究では、長時間（2時間）のランニング中にコンプレッションウェア（タイツ）を着用することで、心拍数の上昇や筋肉の炎症反応が抑えられること、筋肉の損傷が小さくなることが明らかになりました。その理由としては、コンプレッションウェアを着用することでランニング時の脚の筋肉の振動（揺れ）が抑えられることを考えています。一方、興味深いことに、コンプレッションウェアの着圧

図2–8　長時間のランニング中のコンプレッションウェア着用の効果（Mizuno ら、2017 をもとに作図）

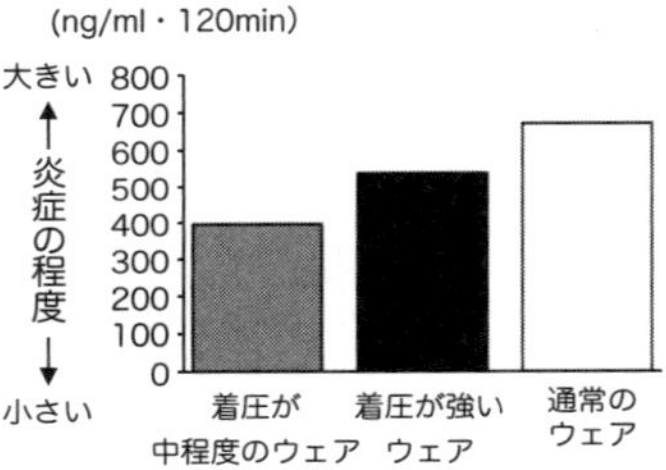

CHECK! この研究では、２時間のランニングの前後における血液中のインターロイキン６濃度の変化から、筋肉の炎症反応の大きさを評価しました。その結果、着圧が中程度のウェアを着用した場合に、通常ウェアに比べて筋肉の炎症は軽減されることがわかりました。

（圧力）を変えて実験を行うと、心拍数の上昇抑制や炎症反応の軽減効果は着圧が強い場合（約27mmHg）にみられず、中程度の着圧（約16mmHg）を用いた場合にのみ認められました（図2－8）。したがって、単に強い着圧をかけると良いのではなく、効果を得る上で適切な着圧があるようです。なお、市販のコンプレッションウェア（タイツ）の多くでは、ふくらはぎ（下《か》腿部《たいぶ》）から太もも（大腿部）にかけて徐々に着圧を弱くする「段階的着圧」という技術が用いられています。心臓から離れたふくらはぎの筋肉に強い圧力をかけることで、血液を心臓に戻す働き（これを静脈還流と呼びます）をアシストする設計です。

運動後に着用するコンプレッションウェアの効果は？

運動中ではなく、運動後のコンプレッションウェア着用の効果に着目した研究もみられます。これらの研究では、運動終了後から睡眠中も含め（ただし、入浴中は除きます）、コンプレッションウェアを継続して着用しています。意外な使い方かもしれませんが、最近では、「リカバリーウェア」という名称で複数のメーカーから商品が販売されています。運動後のコンプレッションウェア着用の効果に着目した研究では、全身の筋群に対する筋力トレーニング終了後24時間にわたりコンプレッションウェア（上下）を着用した結果、着圧の少ないスポーツウェア（上下）を着用した場合に比較して上半身および下半身の最大筋力の回復が早くなりました（図2－9）。また、30分間のランニング後におけるコンプレッションウェア（タイツ）着用では、着圧の少ないスポーツウェア（タイツ）を着用した場合に比較して、翌朝における垂直跳びの跳躍高の回復が早くなりました。さらに、１００回のドロップジャンプ（台高60㎝から床面への着地を繰り返す運動）後にコンプレッションウェア（タイツ）を着用した研究では、非着用時に比べて翌日以降の最大筋力および垂直跳の跳躍高の回復が促進されました。したがって、運動後にコンプレッションウェアを着用することで、筋力や筋肉のパワーの回復促進に対する効果を期待できます。特に、合宿中のように、連日、ハードなトレーニングを1日複数回実施する状況では、**コンプレッションウェアを着用し、翌日の練習に向けて準備することは有効な戦略**でしょう。なお、「運動後におけるリカバリー促進に有効なトリートメント」を解説した最新の論文においても、「コンプレッションウェアの着用」と「クライオセラピー」の有効性があげられています。

運動後に着用するコンプレッションウェアは、運動中に使用するタイプに比較して着圧は弱く設計されています。実際に使用される際には、着心地や肌触りも含めて、ご自身に適した製品を選択すると良いでしょう。

図 2-9　筋力トレーニング終了後におけるコンプレッションウェア着用の効果（Goto ら、2014 をもとに作図）

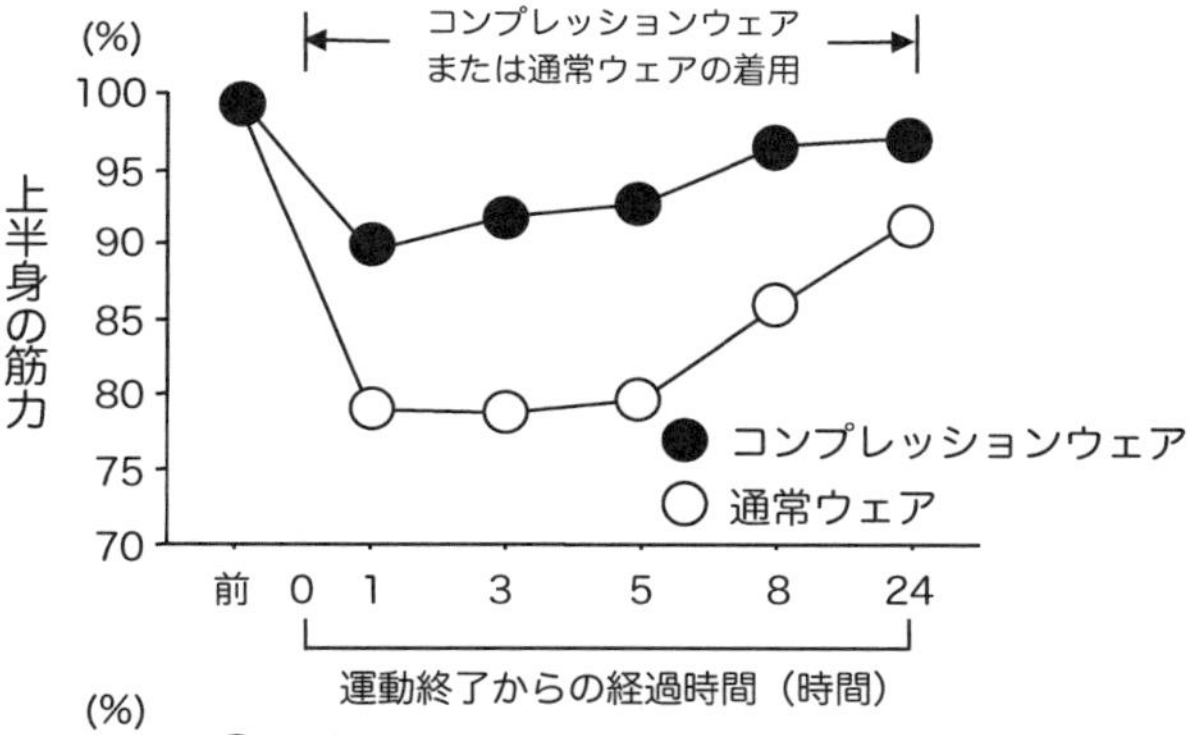

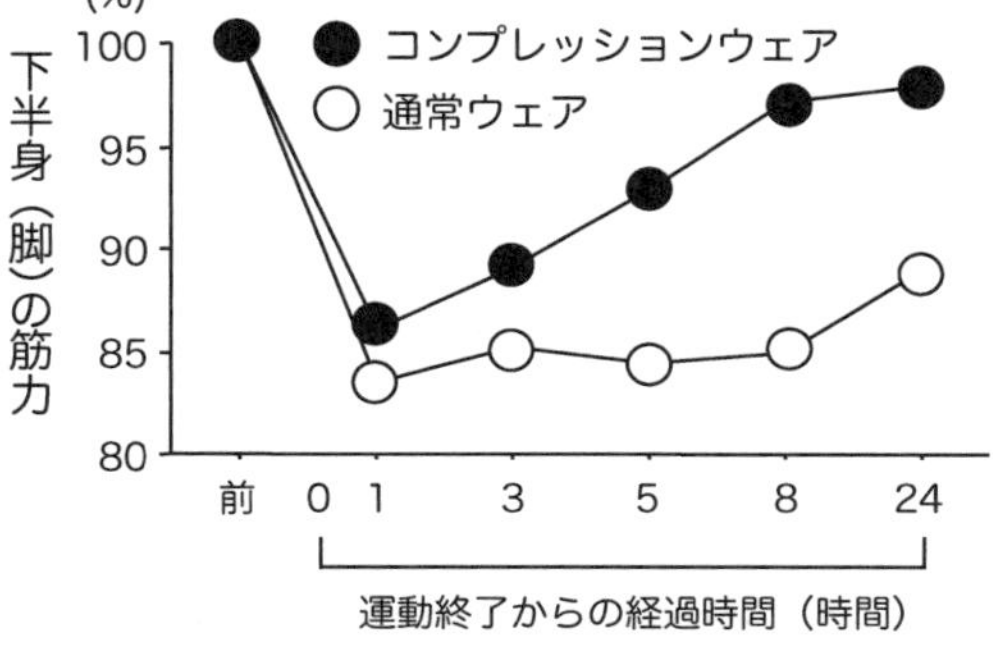

CHECK! このグラフは、運動前の測定値（100%）に対する割合（%）として最大筋力の回復の様子を示したものです。運動直後からコンプレッションウェアを着用することで、上半身（チェストプレス）・下半身（レッグプレス）のいずれの筋肉でも最大筋力の回復が早くなりました。また、その効果は上半身の筋肉において特に大きいことがわかりました。

第16講　午前中から100％の力を発揮するためには？

スポーツ選手では、午前中は調子があがらず、午後になると身体がよく動くという方もいらっしゃるでしょう。このことは、私達の生理機能を考えると納得できることです。筋力や筋肉のパワーは、体温に影響されます。体温が低い場合に比べて、体温が高い場合には大きな力を発揮することができます。運動前にウォーミングアップを行いますが、この理由の一つも「体温（筋肉の温度）を上げること」です。

私達の体温は24時間を通して一定ではなく、1日の中で変動しています。これを概日《がいじつ》リズムと呼びます。実際に体温（深部温度）を測定すると、睡眠中や起床直後は低く、昼頃にかけて徐々に上昇し、午後に最高値を示します（図2－10）。また、朝は血圧も低く、交感神経活動の働きも十分ではありません。したがって、身体のスイッチが十分に入っていない午前中に優れた運動パフォーマンスを発揮できないことは、当然なのです。

それでは、午前中に練習や試合がある状況ではどのように対処すれば良いでしょうか。

図2-10　体温の日内変動

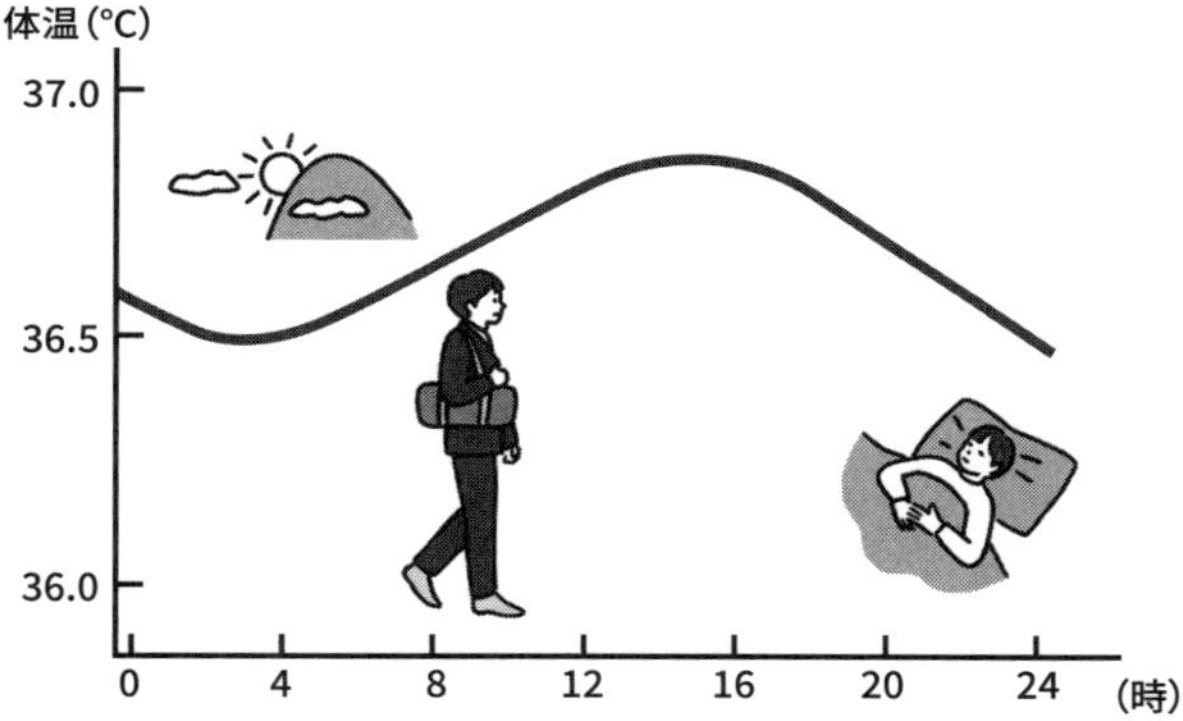

まず1つは、身体にスイッチを入れることです。起床後に軽い運動を行う、熱いお湯でシャワーを浴びるなどが考えられますが、意外と知られていないのが「朝食を食べる」ということです。朝食には「エネルギーを摂取する」という意味に加えて、「体温を上げる」効果があるのです（図2-11）。食事を食べると身体は熱を産生します（これを食事誘発性の熱産生と呼びます）。また、交感神経活動が活発になり、身体にスイッチが入ります。午前中に練習がある場合、1分でも長く眠り朝食を食べずに練習に向かう……という方もいるかもしれませんが、「体温を上げる」という点からもこの習慣はオススメできません。

次に、早起きをすれば午前中から体温は上昇す

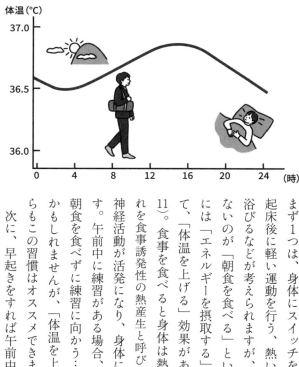

るでしょうか？　残念ながら、試合の当日のみ早起きをしても、早朝から体温が上がることは期待できません。これは、体温の概日リズムは厳格にコントロールされており、簡単には変化しないことが理由です。一方、習慣的に早起きし、早朝から活動する生活を継続することで、体温の概日リズムは徐々に前進し午前中から体温が上昇するようになります。また、起床直後に日光を浴びることも有効です。体温の概日リズムを制御する司令塔は視交叉上核《しこうさじょうかく》と呼ばれる脳の一部であり、これは眼の奥側に位置します。眼から入った光が視交叉上核に伝わり、概日リズム（体内時計）が調節されるのです。早起きをして日光を浴び、体内時計をリセットする、すなわち「**早寝き＋朝日を浴びる習慣**」**は、午前中から優れたパフォーマンスを発揮する秘訣《ひけつ》**です。夜になかなか眠くならない方、寝つきの悪い方にもオススメの方法です。

最後に、体温を測定する最新の方法を紹介します。一般の体温計では、腋下《えきか》で体温を測定します。また、コロナ禍では、額や前腕などで体温を測定する非接触の赤外線式の体温計が活躍しました。一方で、研究で体温を測定する場合には、おもに深部温と皮膚温を測定します。深部温は身体の内部の温度であり、身体の表面の温度である皮膚温や

図 2-11　朝食の摂取が体温に及ぼす影響（Ogata ら、2020 をもとに作図）

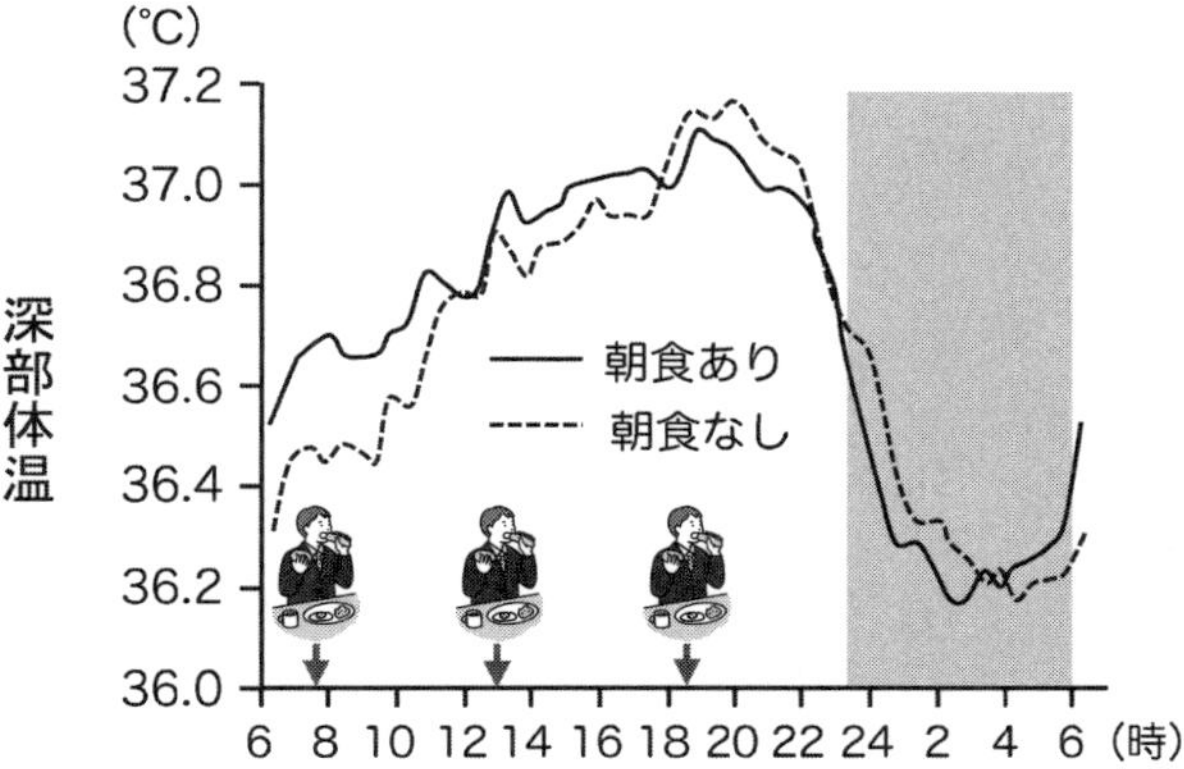

CHECK! このグラフは、朝食あり（1日3食）と朝食なし（1日2食）での24時間（午前6時～翌朝6時）の深部体温の変化を示したものです。なお、1日あたりで摂取するカロリー（kcal）に条件間で差はありません。「朝食あり条件」では朝食後に体温が急激に上昇する一方で、「朝食なし条件」では昼前まで体温が十分に上昇しません。なお、この研究では6日間連続で「朝食あり」または「朝食なし」の生活を維持し、このグラフは6日目の深部体温の変化を示します。午前6時の時点で「朝食なし条件」が「朝食あり条件」と比べて体温が低い点にも注目して下さい。これは、5日間連続の朝食の欠食によって早朝の体温が低くなることを意味しています。「体温が低い＝身体にスイッチが入らない」ということですので、午前中に練習や試合があった際には不利にはたらくでしょう。

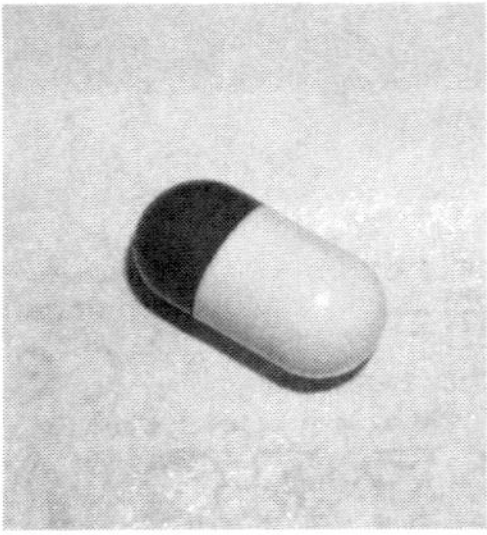
写真3　深部温測定用のカプセル型センサ

腋下で測定する体温よりも高い値を示します。また、概日リズムによって24時間内で変動します。面白いことに、深部温の24時間内の変化は、最大筋力やパワーの変化とよく一致しています。深部温の測定では、食道や直腸に専用のプローブを挿入することが必要です。しかし、いずれの方法でも対象者への負担の大きいことが弱点です。そこで最近では、小型で飲用可能なカプセルを用いて深部温を測定できるようになりました（写真3）。薬のような形状をしていますが、このセンサを口から飲むと、4～6時間程度で腸に到達します。センサは腸の中をゆっくりと移動しながら腸の中の温度（深部温）を測定し、そのデータを体外の測定機でリアルタイムに確認することができるのです。その後、センサは便と一緒に体外に排出されます。以前では想像もしなかった方法ですが、このセンサを用いることで、マラソンや水泳、球技の練習や試合中の深部温の変化を測定できるようになりました。皮膚温に関しては、私の研究室ではボタン型のセンサを使用しています。このセンサを胸や足などに医療用のテープを使って貼り付けると、皮膚の温度を5分毎に24時間連続で測定できるのです。運動中、食事中、睡眠中はもちろんのこと、入浴中も測定を継続します。皮膚温を24時間連続で測定することで、個々のスポーツ選手の体温の概日リズムを把握し、コンディション改善に役立てる研究に取り組んでいます。

第17講　練習についていくことができない原因は？――「隠れ貧血」の可能性

「怪我をしているわけではないのに、練習についていくことができない」「すぐに息があがってしまう」などの症状で悩んでいたスポーツ選手が、病院で血液検査を受けると実は「貧血」であることが判明したという例があります。トップレベルのアスリートは血液検査を受ける機会がありますが、特に、ジュニア世代ではそのような機会が滅多にありません。そのため、貧血に気がつかない状態で練習を継続している「隠れ貧血」の可能性があるのです。

貧血とは血液中の赤血球成分が極度に減少した状態を呼びます。血液中のヘモグロビン濃度を基準として、世界保健機関（WHO）では成人男性で13・0g/dL未満、成人女性や子ども（6～14歳）では12・0g/dL未満の場合には、貧血と判断しています。ヘモグロビンは酸素と結合し、身体の隅々まで酸素を運搬することから、血液中のヘモグロビンが減少した状態では酸素の運搬能力に支障が生じ、特に、持久性の運動パフォーマンス（スタミナ）が低下します。また、赤血球を合成するには「鉄」が必要となります。体内で鉄は血液中や肝臓などに合計3～4g程度貯蔵されているのですが、鉄の貯蔵量が低下すること（鉄不足）によって赤血球の産生が低下し、貧血でなくても持久性の運動パフォーマンスは低下します。そして、鉄不足の状態が続くと、最終的には貧血となります。スポーツ選手を対象に調査を行うと、鉄不足の選手が多いことに驚かされます。

なぜスポーツ選手では「鉄不足」が起こりやすいのか？

貧血や鉄不足は、スポーツ選手で多くみられます。その割合は調査結果によっても異なりますが、男性では約10％、女性では約35％程度が該当するという報告もあります。すなわち、男性は約10人に1人、女性では約3人に1人が貧血または鉄不足に陥るということですので、無視することのできない割合です。

なぜスポーツ選手では貧血や鉄不足が起こりやすいのでしょうか？　以前から指摘されている原因は、食事からの鉄の摂取不足です。また、汗には微量の鉄が含まれますので、スポーツを行う際の大量の発汗も鉄不足の原因となります。さらに、女性であれば月経による出血も強く影響します。その他には、運動に伴う溶血の影響も指摘されています。ランニングやジャンプを行うと、着地時に足裏に衝撃が加わります。この「着地ー衝撃」が繰り返されることで、足裏の血管の中の赤血球が破壊され（溶血）、排尿によって鉄が体外に失われるというものです。このことは、貧血や鉄不足が陸上競技の長距離選手やバスケットボールなどの球技選手、裸足《はだし》で稽古を行う剣道選手で起こりやすいことからも理解できます。

鉄不足を加速させるホルモン

これらの要因に加えて、**「ヘプシジン」というホルモンの関わり**が近年、注目されています。ヘプシジンは肝臓から放出されるホルモンであり、体内での鉄の吸収や排泄《はいせつ》を調節しています。特に、体内で鉄が過剰に増えることを防ぐ役割があり、食事からの鉄の吸収や体内での鉄の再利用を低下させます。このホルモンの存在自体は以前から知られてきたのですが、２０１０年頃から実施された研究において、運動を行うと肝臓からのヘプシジンの放出が一時的に増加し、食事からの鉄の吸収率が低下することがわかりました。また、特に、60分間を超えるような長時間の運動を行うと、ヘプシジンが大き

図2-12　ランニング後におけるヘプシジン濃度の変化（Diazら、2015をもとに作図）

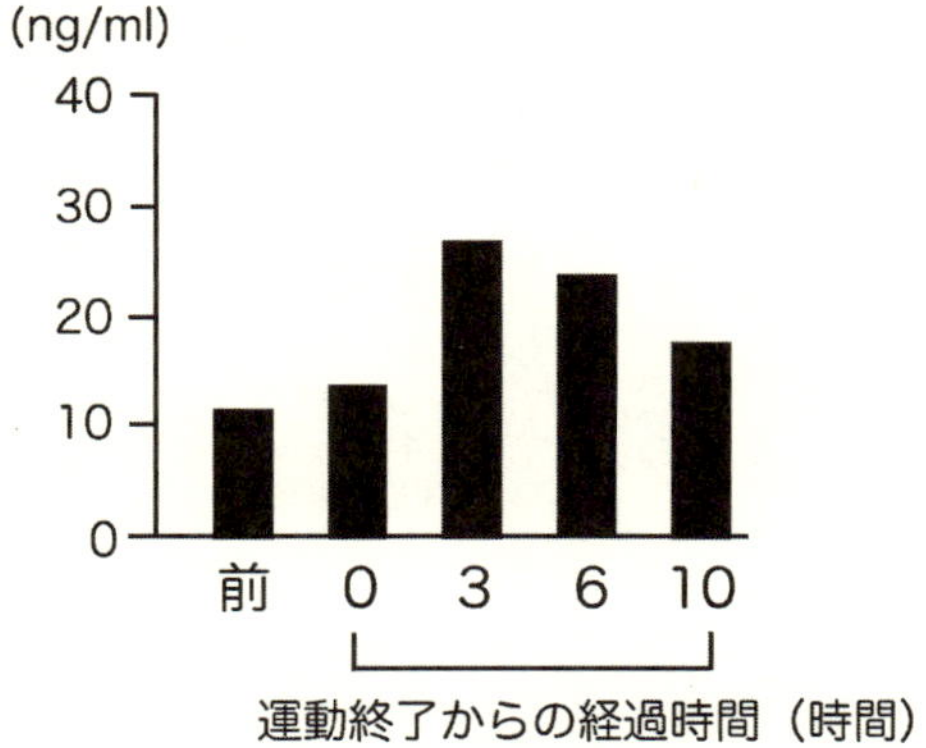

く増加することも明らかになりました。したがって、陸上競技の長距離選手など、連日、長時間のトレーニング（練習）を行うスポーツ選手では、毎回のトレーニング時にヘプシジンが放出され、そのことで鉄の吸収が低下していると考えられます。陸上競技の長距離選手を対象にした研究では、練習量（月間走行距離）の増加した時期は、練習量の少ない時期に比べて血液中のヘプシジン濃度は増加することもわかっています。

　不思議なことに、ヘプシジンは運動終了後から徐々に増加し、運動終了3時間付近で最高値を示した後、数時間かけて徐々に低下します（図2-12）。その変化はゆっくりとしたものですので、午前と午後に運動（練習）を行う場合には、午前中の運動後にヘプシジンが増加し、その値が完全に低下する前に午後の運動が開始される可能性が高くなります。また、午後の運動によってヘプシジンが再び増加しますので、1日の大半の時間帯は「ヘプシジンが増加した状態（＝鉄の吸収率が低下した状態）」となります（図2-13）。第9講で「2部練習の効果」について説明をしましたが、貧血や鉄不足の兆候のある場合には、1日2回の練習によってヘプシジンが終日にわたり増加し、鉄不足が助長される可能性も考えなければいけません。

持久力が重要なスポーツにおいて、長時間の練習が必要であることは理解できます。しかしその一方で、**長時間の練習は貧血や鉄不足のリスクを増加**させます。練習をすればするほど、貧血や鉄欠乏のリスクは高くなるのです。とても難しい問題ですが、**体重管理や日常の食事の摂り方を工夫**することで、貧血や鉄不足のリスクを減らすことは可能です。この点については、第3章「栄養補給編」において詳細に説明します。

図 2-13　1日2回練習を行った際のヘプシジン濃度の変化

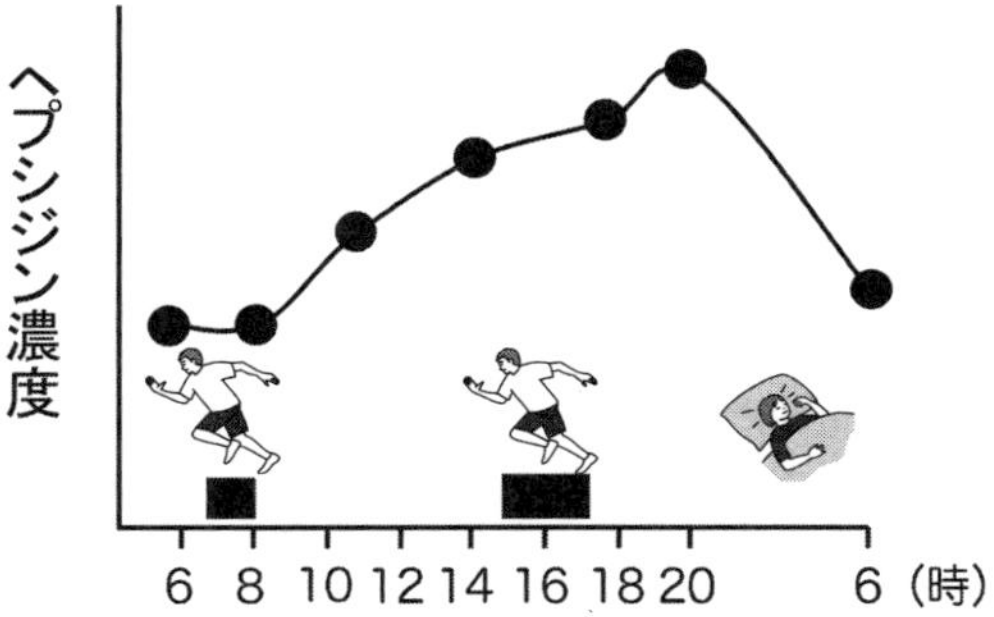

このグラフは、朝練習（7〜8時）と午後練習（15〜17時）を行った際に予想されるヘプシジン濃度の変化を示したものです。朝練習後に比べて午後練習後にヘプシジン濃度が大きく増加していますが、このことにはヘプシジンの変化の日内変動（ヘプシジン濃度は朝が最も低く、午後〜夜にかけて自然と高くなる特徴があります）も影響をしています。

第18講　スポーツ選手と月経——月経と疲労骨折との関係

男性スポーツ選手と女性スポーツ選手の違いの一つに、月経（生理）の有無があげられます。女性の月経は約1ヶ月の周期で繰り返しやってきます。また、月経開始から次の月経の前日までを月経周期といいますが、この中で女性ホルモンの値は大きく変動します。月経周期は大きく3つのフェーズに分かれ、月経開始から約2週間程度を卵胞期、その後、排卵期があり、排卵期から次の月経開始までを黄体期と呼びます（図2－14）。特に、黄体期はプロゲステロン（女性ホルモン）が増加し、体温が高くなります。また、身体のむくみやイライラなども起きやすくなります。黄体期は体水分量も増えますので、体重も落ちにくくなります。黄体期に体重が増えることに不安を感じるスポーツ選手や指導者もいますが、おもな原因は体水分量の増加ですので過度に焦る必要はありません（次の月経が来ると体重は元に戻ります）。

月経による出血によって、個人差はありますが5～40mgの鉄を失うと言われています。食事から1日あたりに摂取する鉄の量が1～2mgということを考えると、これはかなり

図 2-14　月経周期の概要

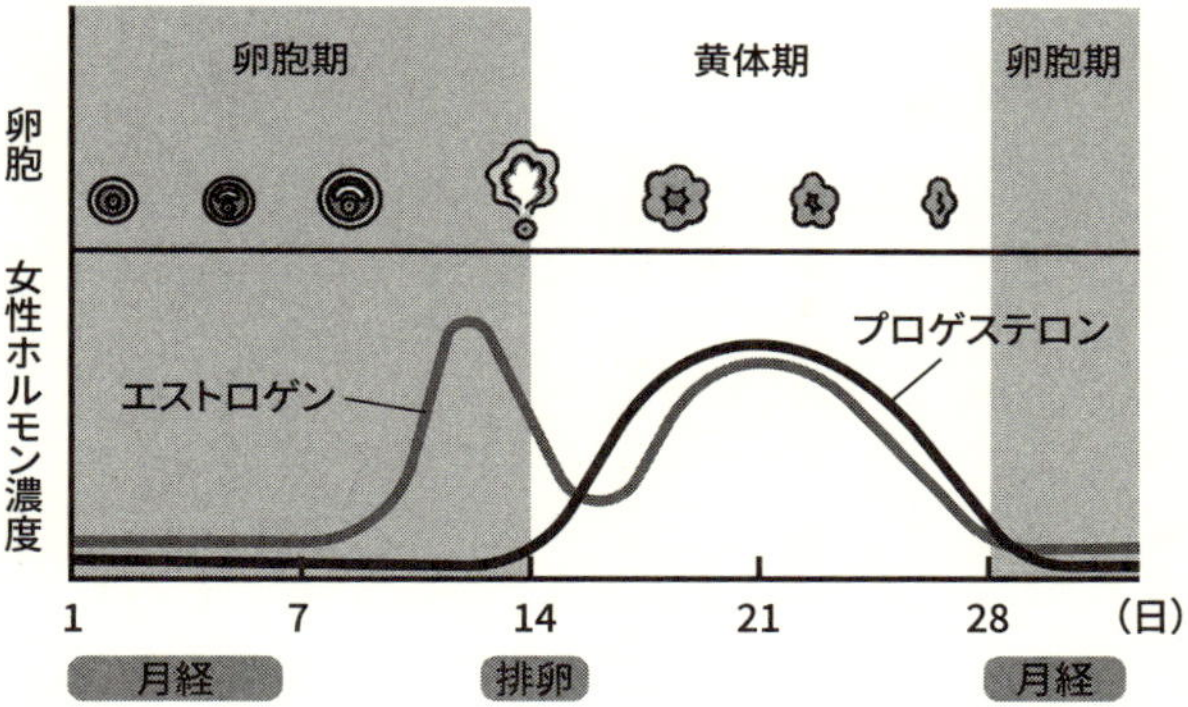

の量です。特に、出血量が多い女性では、鉄不足のリスクが高くなります。また、排卵期の後に来る黄体期ではプロゲステロンが増加しますが、このホルモンは「ヘプシジン」を増加させ、鉄の吸収率を低下させます。したがって、黄体期において、普段よりも積極的に鉄を摂取するという発想は合理的です。これに対して、月経中や月経終了直後にはヘプシジンが減少しますので、鉄の吸収率は増加します。このように、女性の場合、**月経周期に応じて鉄の吸収率が変化**します。

月経が止まると疲労骨折のリスクが高くなる

私は男性ですので、月経を経験したことはありません。しかし、月経による出血の負担や月経前の体調不良を訴える女性と接する中で、その苦労は容易に想像できます。また、女性スポーツ選手では、「月経と試合が重なったらどうしよう」という不安や「月経前に体調が優れず、本来の実力を発揮できない」といった悩みは常につきまとうでしょう。この点から、「月経はない方が良い」と月経に対してマイナスのイメージを持つ方は少なくないはずです。また、長期間にわたり無理な体重制限を行ったり、練習量が過剰になると月経の周期が乱れたり、月経が止まってしまう（無月経になる）ことは珍しくありません。月経が止まるということは、本来、女性の身体の中で起こる生理機能が停止しているわけですから「非常事態」のはずです。しかし、この「非常事態」を「非常事態」と認識しないスポーツ選手や指導者がいることは大きな問題です。

月経の有無は疲労骨折のリスクと関係することをご存じでしょうか？　疲労骨折は、スポーツなどで同じ箇所に小さな力が繰り返しかかることで、骨にひびが入ったりする障害のことを指し、陸上競技の長距離選手や球技選手において多くみられます。骨では、合成（これを骨形成と呼びます）と分解（これを骨吸収と呼びます）が常に同時に進行しています。骨形成（合成）が骨吸収（分解）を上回る状態が続くと骨は強くなり（骨密

図2-15　エストロゲンと疲労骨折のリスクとの関係

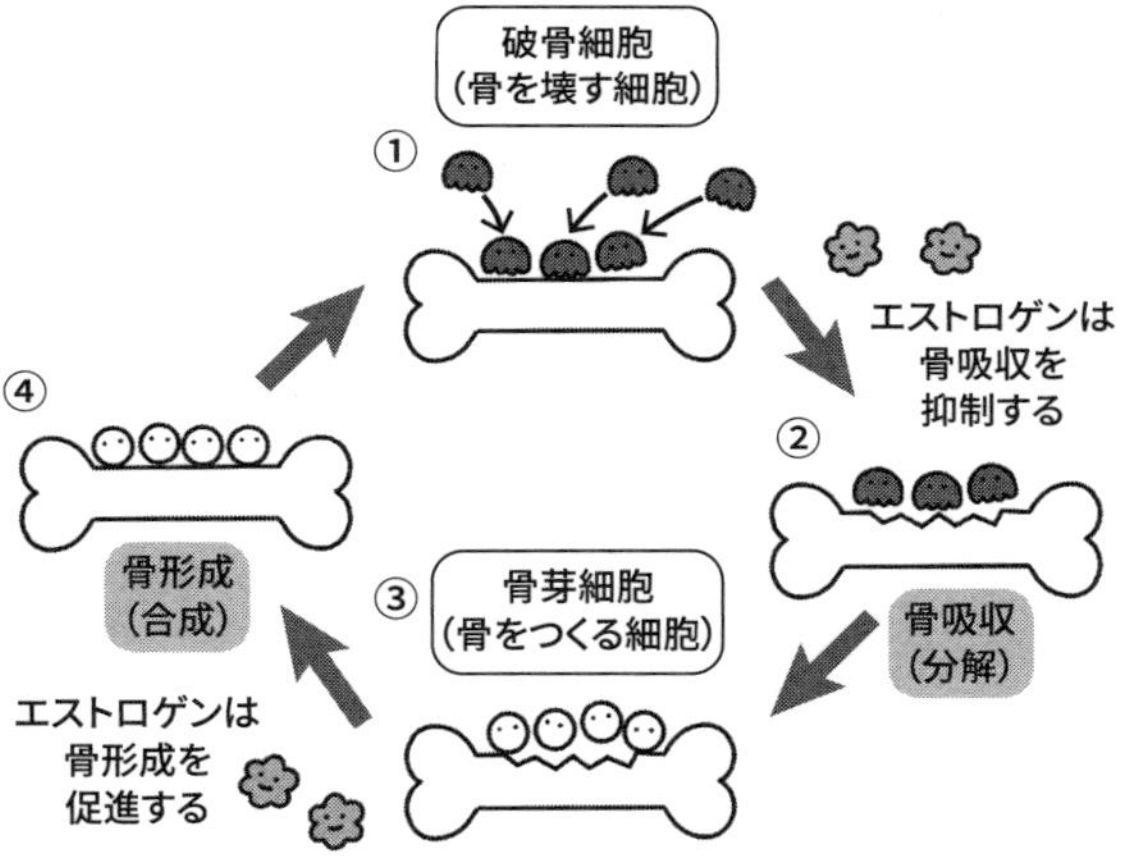

度の増加)、骨吸収（分解）が骨形成（合成）を上回る状態が続くと骨は弱くなり（骨密度の低下）、疲労骨折のリスクが高くなります。

女性ホルモンの1つであるエストロゲンは、骨を強くする作業に密接に関わっています。骨には古くなった骨をこわす細胞（破骨細胞）と新しい骨を作る細胞（骨芽細胞）がありますが、エストロゲンは破骨細胞の働きを抑える役目をもっています。したがって、エストロゲンが減少すると破骨細胞の働きが活性化し、骨を壊す作用が加速します。月経が止まるとエストロゲンの量が減りますので、「破骨細胞の働きを抑える力」が一気に弱まります。したがって、この状態で競技を続けると、疲労骨折のリスクが高くなるのです（図2-15）。なお、同様の現象は、閉経後の女性においてもみられ、閉経後には骨粗しょう症（骨密度の低下により骨が弱くなる骨の病気）のリスクが増加します。

一旦、疲労骨折が起きると、長期間にわたって本格的な練習を実施することはできません。高校や大学という限られた期間で競技を行う中で、数ヶ月にわたり競技から離脱することは大きな損失であり、心身ともにダメージを受けます。また、疲労骨折は再発のリスクの高いことも知られています。実際に、高校生や大学生の女性スポーツ選手において、疲労骨折を何度も繰り返す例は珍しくありません。「生理と試合が重なるとコンディション調整が難しい」ことは理解できますが、「現役中、生理はない方が良い」という考え方はあまりに短絡的で危険です。**「月経と疲労骨折」に関する正しい知識を女性スポーツ選手自身がもつこと**、また、「月経（生理）の重要性」を指導者も共通して理解し、無月経を「身体からのＳＯＳである」と捉える姿勢が何よりも重要です。特に、自ら月経を経験することのない男性指導者は、月経の役割を十分に理解しなければいけません。「女性の身体に関わることだから細かいことはわからない」という姿勢は、選手の未来を潰すことに繋《つな》がり、決して許されるものではありません。

なお、正常な月経は食事量と密接に関わっています。この点については、第3章「栄養補給編」において、詳細に説明します。

第19講　睡眠時間は足りていますか？

経済協力開発機構（OECD）の調査結果によると、日本人の平均睡眠時間は1日あたり7時間22分でした。米国は8時間51分ですので、約1.5時間もの差があります。このように、日本人は国際的にみても「睡眠時間が短い」ことで有名です。一方、厚生労働省の調査結果によると、「日中に眠気を感じた」と回答した割合は20~29歳では対象者の43・6％に達しました。このことからも、日本人にとって睡眠時間は十分でなく、相当数の方が「もっと眠りたい」と感じている実態が読み取れます。

慢性的な睡眠不足は、スポーツ選手においても問題となっています。**大学生スポーツ選手906名を対象に質問票で調査を行った研究では、何と46・5％が「睡眠障害あり」と判定されました。**[補足1] 睡眠の必要性や重要性は誰もが認識しているはずですが、睡眠障害を抱えるスポーツ選手がなぜこれほど多いのでしょうか？　なお上述の調査では「睡眠障害の要因」として、日付をまたぐ遅い就寝、午前7時台以前の早い起床、メンタルヘルスの不良、深夜時間帯のアルバイト、消灯後の電子機器の使用、週4日以上の朝練習などが示されました。

睡眠時間の短縮が翌日の運動パフォーマンスに及ぼす影響

睡眠が心身の健康に必須であることは誰もが認識していますが、睡眠不足がスポーツ選手に及ぼす影響は十分に知られていません。一方、研究では、実験的に睡眠時間を短縮した条件（部分断眠）や完全に睡眠を剝奪した条件（完全断眠）での運動パフォーマンスの変化が調べられています。たとえば、２０２１年に発表された研究では、大学生を対象に、夕方にハードなトレーニング（ドロップジャンプとトレッドミルでのランニングからなる約2時間のメニュー）を実施し、その夜の睡眠時間を通常から60％短縮しました。翌朝、トレッドミル（電動のランニングマシン）で疲労困憊《ひろうこんぱい》に至るまでランニングを行った際の継続時間を測定したところ、通常の睡眠時間を確保した翌朝は平均14分48秒であったのに対して、睡眠時間を短縮した翌朝では平均11分6秒にまで短くなりました。この研究では同じ対象者が2回の測定に参加しているのですが、睡眠時間の長短によって運動継続時間が約３・５分も変わるという結果は衝撃的でした。同様に、睡眠時間を約50%短縮した研究においても、翌日に持久力の低下が認められています。また、この研究では、睡眠の前半を剥奪した場合（3時に就寝、7時に起床）、睡眠の後半を剥奪した場合（22時半に就寝、3時に起床）のいずれの場合であっても、通常の睡眠をとった場合（22時半に就寝、7時に起床）に比較して持久力は低下しました。なお、睡眠時間の短縮が最大筋力や筋肉のパワーに及ぼす影響は、持久力に比較すると軽度であることが示されています。一方、睡眠時間を延長した効果を検証した研究では、正確性を伴う運動のパフォーマンス（バスケットボールにおけるフリースローや3ポイントシュートの成功率など）や全力走でのタイム、反応時間などがいずれも向上することがわかりました。

睡眠時間の短縮は食欲を増加させる

慢性的な睡眠不足は肥満とも関連します。18～64歳の男女を対象にした研究では、睡眠時間が6時間未満のグループは、7～8時間のグループに比較して肥満発症のリスクの高いことが示されました。また、１０２４名を対象にした調査では、睡眠時間とＢＭＩ[補足2]はＵ字型の関係を示し、**睡眠時間の減少に伴いＢＭＩは増加する**ことがわかりました。

「睡眠が短いとなぜ太りやすいのか?」、この謎を解く上で鍵を握るのが食欲の調節です。食欲は脳で調節されますが、これには食欲を増加させる「グレリン」というホルモンが関係しています。グレリンは胃から放出され、脳に働きかけ「空腹感を増加させるホルモン」です。若者を対象にしたある研究では、7時間睡眠、4・5時間睡眠、断眠(徹夜)の後に血液中のグレリンの量が調べられました。その結果、グレリンの値は7時間睡眠の後に最も低くなり、徹夜の後に最も高くなりました。また、4・5時間睡眠の後は、7時間睡眠の後に比べグレリンが高くなりました(図2-16)。睡眠時間が2・5時間短くなるだけで翌朝にグレリンが増加するのです。さらに、2日間連続で睡眠時間を8時間または4時間に管理し、3日目の食事量を比較した研究において、4時間睡眠の翌日は8時間睡眠の翌日に比べて食事量が約23%増加しました(2478kcal→3037kcal)。極端な例ですが、週末(土日)に睡眠時間が4時間となり月曜日に23%食事量が増える状況が1年間続いたと仮定すると、年間で4kg程度は体重が増加する計算となります。これらは健康増進の視点から実施された研究ですが、体重管理が必要なスポーツ選手にとっても重要な情報です。「寝る子は育つ」と昔から言いますが、研究では「**寝ない子は太る**」ことが示されているのです。

その朝練、本当に必要ですか？

先に紹介した大学生スポーツ選手を対象とする調査結果が示すように、「日づけをまたぐ遅い就寝」「午前7時台以前の早い起床」は、睡眠時間に影響します。睡眠時間を確保する上では、「夜遅い時間帯の練習を避けること」「不必要な早起きは避けること」の2点が即効性の高い対策としてあげられるでしょう。特に、後者については、多くの持久性種目で「早朝練習（朝練）」が行われています。学生は日中、授業がありますので、練習量を確保するため授業開始前の6時や7時から練習を行うという発想は理解できますが、このことが学生スポーツ選手の睡眠不足に影響していることは間違いありません。**睡眠不足はリカバリーを遅延させ、特に、持久力や練習の質を低下させます。**

「朝練は実施すべき」という前提ではなく、「睡眠時間を削ってまで毎日、朝練を行う必要があるのか？」という視点から冷静に判断する必要があるでしょう。早朝の時間帯を睡眠に充てることが、選手の競技力向上やオーバートレーニング予防に効果的である可

図 2-16　睡眠時間の短縮がグレリン（お腹を減らすホルモン）に及ぼす影響（Schmid ら、2008 をもとに作図）

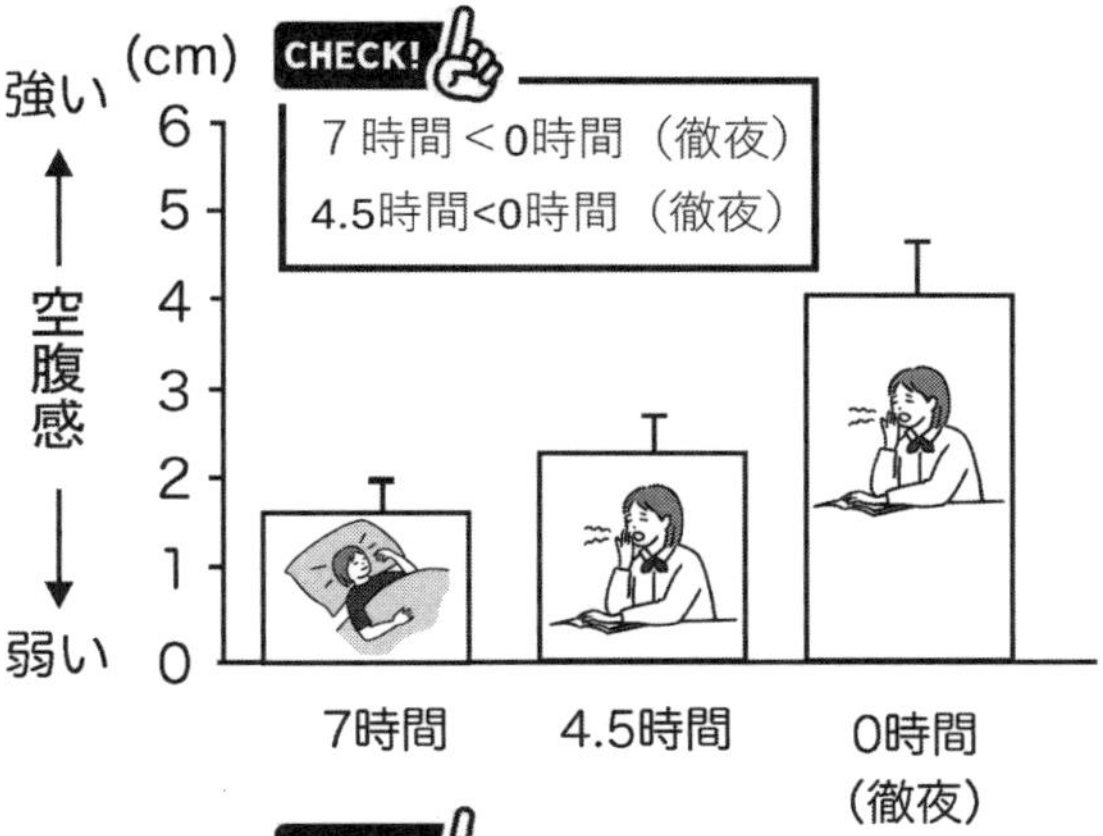

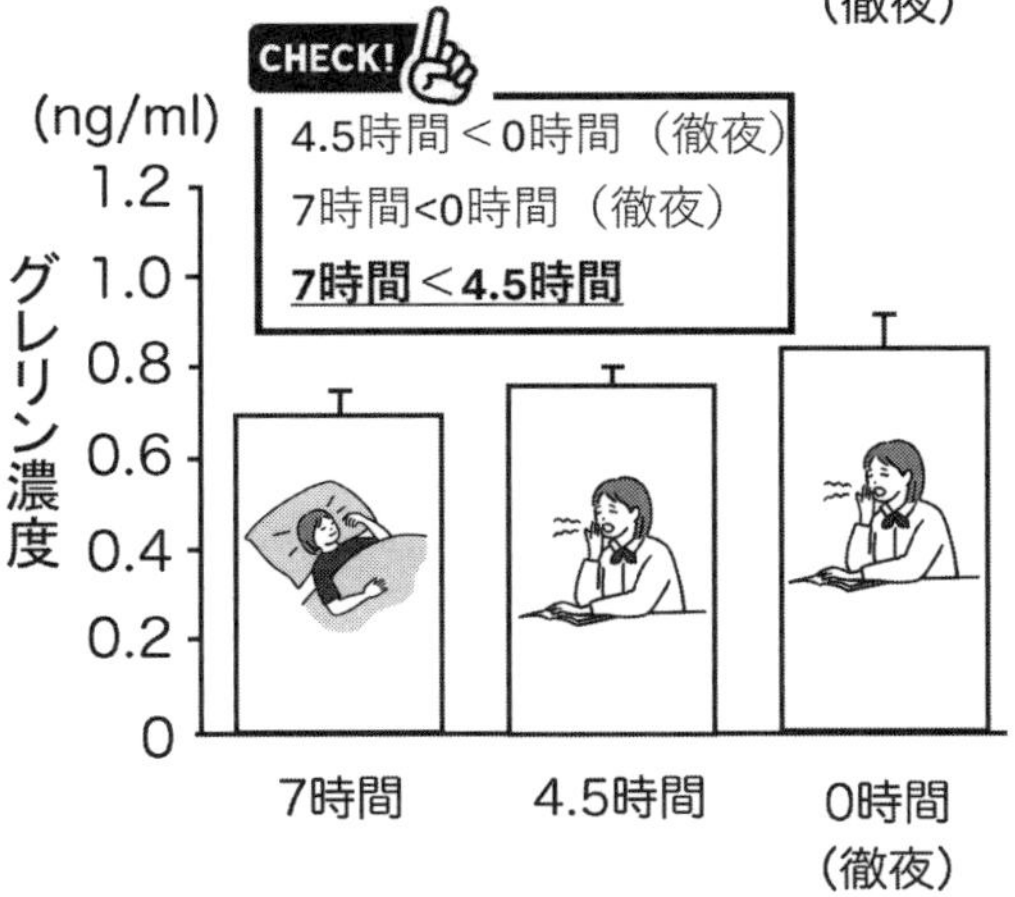

能性は十分に考えられます。

補足1　この研究では、ピッツバーグ睡眠質問票を用いて睡眠の状況が調査されました。この調査法は、過去1ヶ月間における睡眠の習慣をたずね、睡眠障害の程度を評価するものです。

補足2　BMIはBody Mass Indexの略語です。体格を示す指標であり、体重（kg）／身長（m）の2乗によって計算します。たとえば、身長が170㎝、体重が65kgであれば、BMIは22・5となります。日本では、BMIが25以上の場合に「肥満」と定義しています。

第20講　最新のテクノロジーを活用した新しいコーチング

スマートフォンには多様なアプリケーションがありますが、スポーツ選手のコンディション向上に活用できるものが多数みられます。たとえば、ONE TAP SPORTS（https://one-tap.jp/）は選手のコンディションに関わる指標（疲労度、睡眠時間など）をインターネット上（クラウド）で管理し、選手自身や監督、コーチがその状態を把握するシステムです。また、「Garmin」「Fitbit」「Polar」などのスマートウォッチを使用すると、トレーニング時の心拍数だけでなく、走速度、走行距離、エネルギー消費量などが測定され、これらのデータはクラウド上で管理されます。夜間に着用すると、睡眠の状況や自律神経活動も簡単に記録することが可能です。

体温もコンディションの指標として有用です。体温は1日を通して一定ではなく、朝低く、午後に上昇し、夜間に再び低くなる概日リズムをもっています。このリズムが簡単に変わることはありませんが、過剰なストレスによる気分の落ち込み、自律神経の不調、オーバートレーニングなどの状況下では概日リズムが崩れます。したがって、ウェアラブルデバイスを用いて体温の変動をモニタリングすることで、心身の状態を把握できるでしょう。私の研究室では、通信機能を搭載したボタンサイズのセンサを身体に貼付し、体温を24時間連続で数日間にわたり測定することで、スポーツ選手のコンディション管理に役立てる研究が進行しています。

最近のスポーツ現場では、GPSテクノロジーも活用されています。GPSは衛星からの信号を受信することで位置情報を取得するシステムであり、カーナビゲーションやスマートフォンで使用されています。スポーツ現場では、小型のGPSセンサをシューズやウェアに装着することで、プレー中の個々の選手の移動距離、移動速度、ダッシュ（スプリント）回数などを評価することが可能となります。一昔前であれば、「あの選手は後半足が止まっていたな」と指導者が主観で判断していたものが、GPSによる数値データを使用することで客観的に評価できるのです。これらの**数値データをもとに、選手の長所や短所、コンディションの状態を把握することが可能**になりました。

動作分析の領域でも様々なアプリケーションが開発されています。実験室では、投球や打球時の動作を高速度（ハイスピード）カメラという特殊な装置を使って撮影をします。このカメラでは1秒間に数千コマを撮影することができますので、肉眼では判断できないような瞬時の動きも捉えることが可能です。一方、今では、スマートフォンやタブレット内蔵のカメラで録画した画像をもとに、動作解析（体幹、腕、脚の角度など）やスローモーション再生をその場で行うことができるようになりました。実験室で行っていた測定の一部を、体育館やグラウンドで実施できるのです。さらに、最近の傾向として、取得したデータの解析にＡＩ技術を適用するサービスが増えています。従来であれば、解析に数時間かかっていた大量のデータを短時間で解析し、結果を受け取ることができるのです。

今、指導者に求められること

これら最新のテクノロジーに共通するキーワードは、「見えないものの見える化（可視化）」と「主観（感覚）の客観化」です。本来、コンディションというものは「主観」です。主観はあくまで個人の感覚です。「動きにキレがない」という指導者の感覚は、選手自身の感覚と一致するわけではありません。逆に、「今日は何となく身体が重い」

「最近、モチベーションが下がっている」という選手の感覚が、指導者に十分に理解してもらえないこともあるでしょう。一方、主観を数値化（客観化）することで、他者と共有することが可能になります。今回ご紹介したのは一部のツールですが、いずれもコンディション管理やコーチングには強力な武器となるものです。時代が変わった……と強く感じます。

今の中学生〜大学生の世代は、インターネットやデジタル環境がある中で育ってきました。「デジタルネイティブ」とも呼ばれ、私を含む40歳以上の世代と比べると情報通信技術（ICT）に対し圧倒的に慣れ親しんでおり、優れたスキルをもっています。このような社会の変化に伴って、スポーツ指導者に求められる素養も大きく変わっています。**最新のテクノロジーを積極的に活用し、「見えないものの見える化」「主観の客観化」を取り入れたコンディション管理やコーチングが必要**です。指導者の経験や主観のみでトレーニング（練習）内容や指導方針を決めるのではなく、そこに客観的な指標を盛り込むことが求められています。トップレベルのスポーツ現場では、グラウンドや体育館でタブレット画面を選手とコーチがのぞき込みながらディスカッションする光景は珍しくなくなりました。一方、学校の部活動の現場では、経験や主観に依存した指導が行われていることもあるようです。過去に成功した指導法であっても、それが目の前の子どもに最適であるという保証はありません。指導者自身が新しいテクノロジーを積極的に受け入れ、自らのＯＳ（オペレーティングシステム）を定期的にアップデートすることが、今の指導者に求められる姿勢でしょう。また、このことが過剰なトレーニングや合理性に乏しいトレーニングを減らし、結果的に、怪我やオーバートレーニングのリスクを軽減することに繋がると確信しています。

第3章

栄養補給編——ニュートリション

第21講　練習後にオススメの栄養補給――糖質とタンパク質の最強タッグ

長時間の運動（練習）を行うと、筋肉のグリコーゲンが大きく減少します。また、ダッシュやジャンプなどの動作を繰り返す中で、筋肉には微細な損傷が生じます。そのため、運動後は速やかに栄養を補給し、次回の運動に向けて準備する必要があります。さて、この際、どのような栄養素を摂取すると良いでしょうか？

まず、**グリコーゲンを回復させるためには糖質（炭水化物**補足1**）の摂取が必要**です。「糖質＝砂糖」とイメージされる方もいるでしょうが、糖質には幾つかの種類があります。砂糖（ショ糖）は二糖類と分類されますが、運動後に積極的に摂取していただきたいのは多糖類（デンプンなど）です。具体的には、お米や消化吸収に優れたエネルギーゼリー（マルトデキストリン）などです。練習後に「おにぎり」を食べることを推奨される指導者もいますが、グリコーゲンを回復させる上で効果的です。夕方以降に、部活帰りと思われる高校生がお菓子を食べている姿を目にすることもありますが、空腹を満たすための**お菓子ではなく、「おにぎり」や「エネルギーゼリー」を選ぶべき**です。

もう一つのポイントは、糖質を摂取するタイミングです。運動後速やかに糖質を摂取すると、グリコーゲンの回復が早くなります。図3－1は、長時間の運動によって筋肉のグリコーゲンが枯渇した直後に糖質の含まれた飲料を摂取した場合と、同じ飲料を運動の2時間後に摂取した場合のグリコーゲンの回復の違いを示したグラフです。運動直後に糖質を摂取した場合には、運動後最初の2時間でグリコーゲンが急激に回復していることがわかります。一方で、運動2時間後に糖質を摂取した場合、その後（運動2～4時間後）、グリコーゲンの回復速度が最大になることはありません。このことからも、「運動後速やかに糖質を摂取する」ことの重要性を理解できます。一方、練習後速やかに栄養満

図3-1　運動後の糖質摂取のタイミングが筋肉のグリコーゲン回復に及ぼす影響（Ivy ら、1988 をもとに作図）

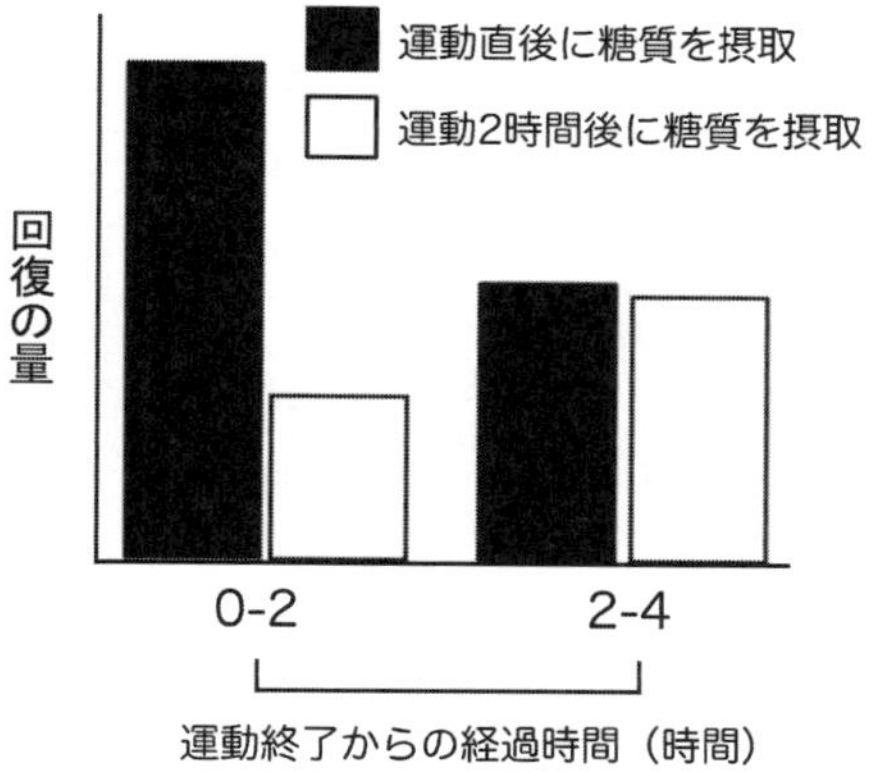

点の食事をとることは難しいでしょうから、おにぎり、バナナ、エネルギーゼリーなどを準備しておくと良いでしょう。

運動後にタンパク質を摂取しよう

タンパク質というと、私達は「筋肉づくり」をイメージします。身体を大きくしたいスポーツ選手が、筋力トレーニングを行った後、プロテインパウダーでタンパク質を摂取する、これが一般的なイメージではないでしょうか？　一方、スタミナが必要な陸上競技の長距離選手が練習後にプロテインパウダーを摂取する光景はあまり目にしません。この点に関して、重要な研究結果を紹介します。図3-2は、長時間の運動後に、「糖質80gを摂取した場合」「糖質108gを摂取した場合」「糖質80g+タンパク質24gを摂取した場合」でのグリコーゲンの回復の様子を示したグラフです。その結果、「糖質80g」に比べて「糖質108g」の方が筋肉のグリコーゲンの回復は早いことがわかります。これは予想通りの結果です。注目していただきたいのが、「糖質80g+タンパク質24g」の条件です。糖質の摂取量は「糖質108g」よりも少ないのですが、タンパ

図3-2　運動後における糖質+タンパク質摂取の効果（Ivyら、2002をもとに作図）

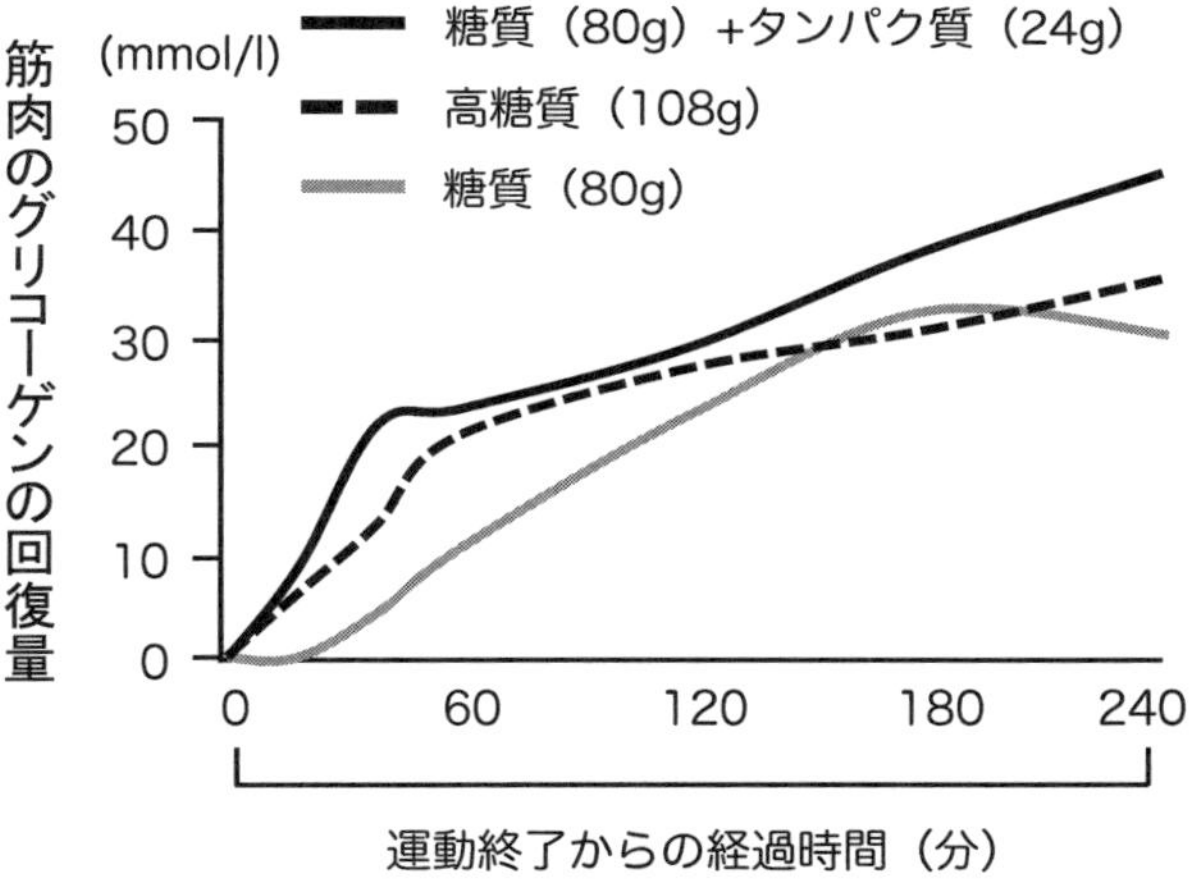

ク質24gを加えることでグリコーゲンの回復が早くなっているのです。ちなみに、「糖質108g」と「糖質80g+タンパク質24g」の摂取カロリーは同じです。

練習後に筋肉のグリコーゲンをできる限り早く回復させる上で、糖質の摂取は必須です。さらに、タンパク質を併せて摂取することでグリコーゲンの回復は早くなります。したがって、筋肉量を増やすことを強く望まない陸上競技の長距離選手であっても、毎回の練習後にタンパク質を摂取することには大きな意味があります。特に、次の練習まで数時間しかない場合、「糖質＋タンパク質の最強タッグ」は威力を発揮するでしょう。

したがって、**部活の練習後は**「**スナック菓子・ジュース**」**ではなく、**「**おにぎり・牛乳（ゆで卵やプロテインパウダーでも良いでしょう）**」**や**「**肉まん・牛乳**」**の組み合わせが良い**のです。

補足1　炭水化物は、消化されエネルギー源となる「糖質」と消化されない「食物繊維」に分類されます。運動をする時に重要となるのは糖質ですので、この本で用いる「炭水化物」という言葉は「糖質」を指しています。

第22講　あなたの食事量は足りていますか？

日本人の成人におけるエネルギー摂取量（食事量）の推奨値は、成人では1日あたり約2200〜2400kcalです。[補足1] 一方、日々、スポーツを行っている場合、必要なエネルギー摂取量は増加します。エネルギーは朝・昼・夜の3回の食事から摂取することが原則となりますが、必要なエネルギー摂取量が増える場合には、昼食と夕食の間に間食を取ることが有効です。間食には、糖質やタンパク質を十分に含んだ食品が良いでしょう。

「エネルギーバランス」という言葉がありますが、これは「1日の食事量（エネルギー摂取量）」と「1日で消費するエネルギー量」とのバランスを指しています。「1日で消費するエネルギー」にはスポーツで消費するエネルギーだけでなく、生命活動の維持のために消費する「基礎代謝量」も含まれます。また、消費するエネルギー量に対して食事量が足りない「エネルギー不足の状態」でトレーニングを継続する状態を、「利用可能エネルギー不足（LEA）」や「相対的エネルギー不足（RED-S）」と呼びます（図

３－３）。ＬＥＡは女性スポーツ選手では、無月経のリスクを増加させます。また、無月経が疲労骨折のリスクを増加させることは既に説明した通りです。慢性的なＬＥＡの状態が、女性スポーツ選手の無月経や疲労骨折などの原因となるのです。一方、ＲＥＤ－Ｓは男女共通した問題であり、エネルギー不足の状態でトレーニングを継続することで、運動パフォーマンスの低下、免疫機能の低下、慢性的な疲労感、モチベーションの低下など、心身に様々な不調がみられます（図３－４）。

ＬＥＡやＲＥＤ－Ｓの状態が継続すると、競技力の向上が妨げられます。怪我《けが》もしやすくなります。またそれらに加えて、心理面でも大きなストレスを受けますので、健康を損ない、最終的には競技を継続できないケースもみられます。ＬＥＡやＲＥＤ－Ｓを防ぐためには、何よりも必要な食事量を確保することです。この際、**練習量が増えると必要な食事量も増える点に注意が必要**です。特に、練習を１日２回行うような場合には、練習でのエネルギー消費量が１日あたり１５００kcalを大きく上回ることは珍しくありません。さらに、基礎代謝量も加わりますので、３食のみで必要なエネルギーを摂取することが難しくなります。この際には、**迷わず間食を取り入れましょう。**間食によっ

図 3-3　エネルギー不足と LEA、RED-S の関係

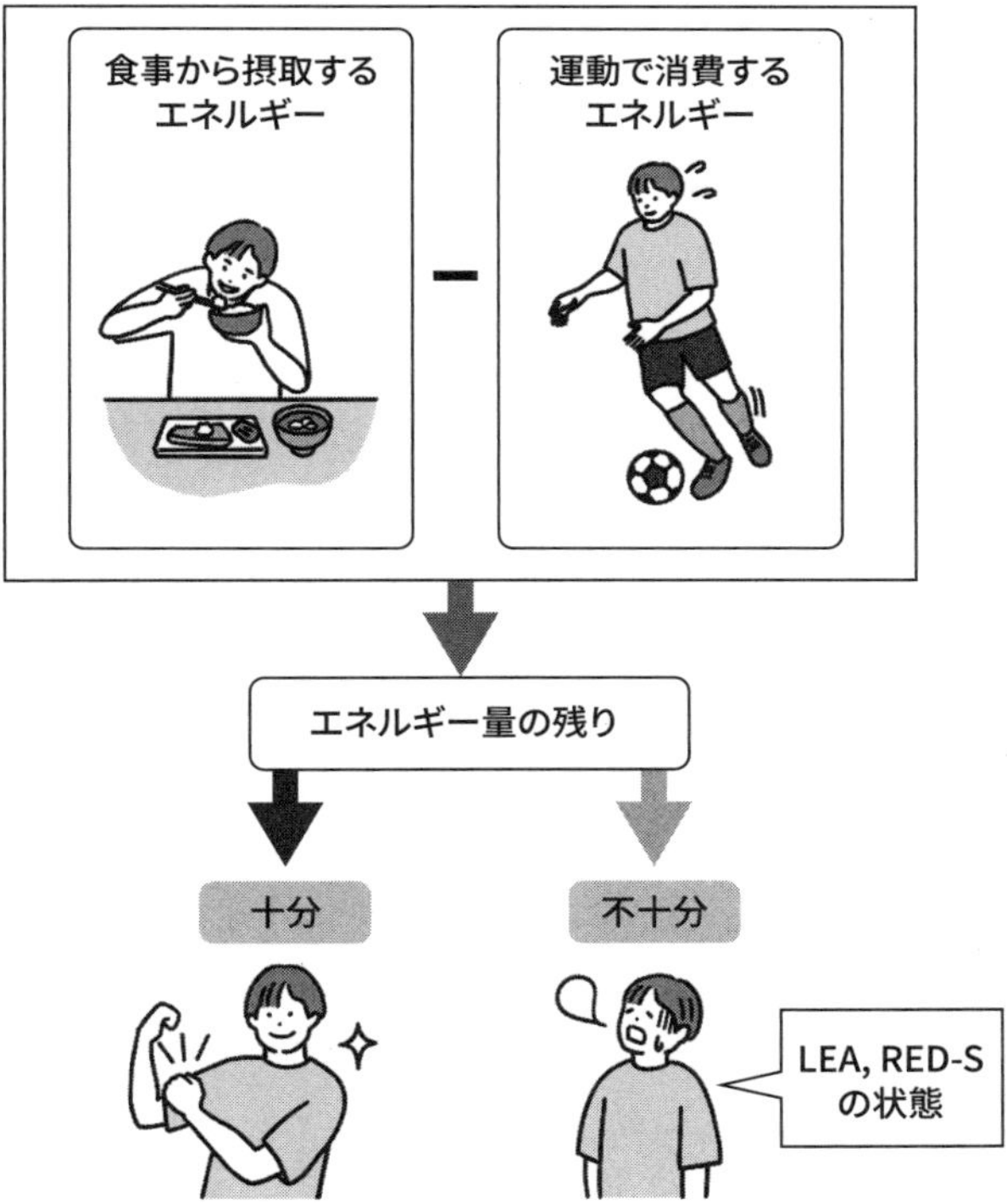

CHECK!　「食事から摂取するエネルギー」から「運動で消費するエネルギー」を引き算した際に、「どれだけエネルギーが残っているか」が重要となります。この「エネルギー量の残り」が少ない場合には、競技力の向上は妨げられます。1日複数回練習を行う場合には、迷わず間食を導入しましょう。

て「太るのではないか？」と不安に感じるかもしれませんが、数週間試し体重が増加しないのであれば気にする必要はありません。

問題となるジュニア選手の食事制限

現在、大きな問題となっているのが中学生や高校生など成長期における不適切な食事制限です。本来、身長が伸び、体重が増えるべきこの時期に、食事量を制限し、体重制限を行う行為は大きな弊害を引き起こします。たとえば、骨密度（骨の強さ）は成長期に増加し、20歳頃にはピークを迎えます。また、体重の増えること自体が骨の成長に重要な刺激となります。したがって、成長期に食事制限によって体重を増やさず、成人してから適切な食事量に戻したとしても骨密度はもはや増加しません。実際に、中学生や高校生の頃に活躍をしたスポーツ選手が、大学に入ると度重なる疲労骨折や慢性的なコンディション不良に苦しみ、満足に競技を継続することができない例は珍しくありません。

これらの問題の根底にあるのは、「過剰な勝利至上主義」と「スポーツ医科学に関わ

図 3-4　RED-S が引き起こす様々な問題（Mountjoy ら、2023 をもとに作図）

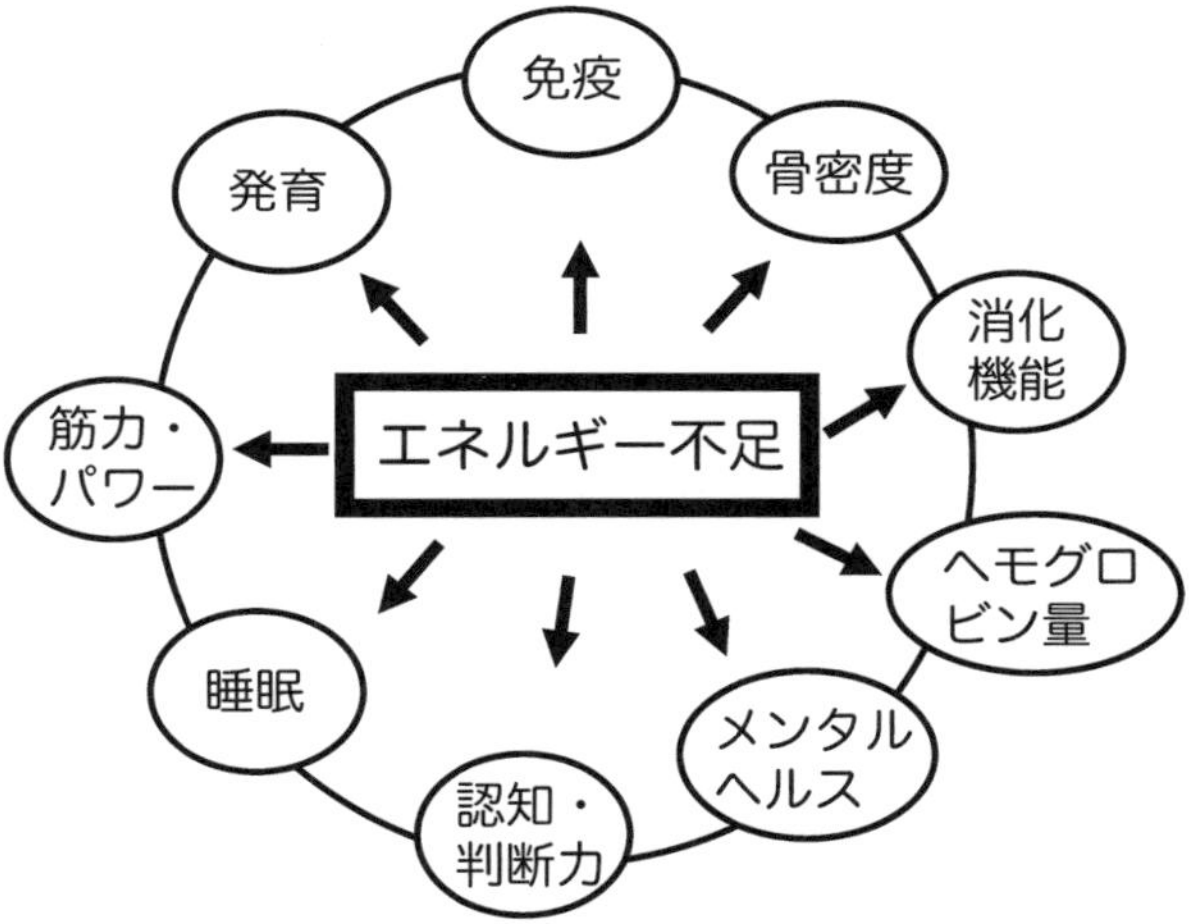

CHECK! 慢性的にエネルギーが不足した状態でのトレーニング（LEA, RED-S）は、図に書かれた項目をすべて低下させます。

る知識の不足」です。目の前の試合に勝ちたいという意識があまりに強く、心身の健康が軽視されるという問題です。また、日々の食事制限がLEAやRED-Sを引き起こし、このことが無月経、疲労骨折、自律神経の失調、オーバートレーニングの引き金になるという正しい知識が必要です。特に、ジュニア期は、指導者や親など、子どもを取り巻く大人の影響が強いものです。「勝ちたい」「活躍したい」という子どもの気持ちを受け止めた上で、競技成績を優先するあまりに心身の健康を軽視することがあってはなりません。**「しっかり食べて強くなる」**、スポーツに関わる者すべてが決して忘れてはいけないキーワードです。

補足1　必要なエネルギー摂取量（食事量）は身体活動量によって異なります。この値は、身体活動量が低い〜ふつうの男性に当てはまり、習慣的にスポーツを実施するなど、身体活動量の多い場合には必要なエネルギー摂取量が1日あたり3000kcalを上回ることも珍しくありません。

第23講　試合前にはとんかつ？　それともパスタ？

大事な試合を翌日に控えた場合、皆さんは何を食べるでしょうか？　縁起をかついで「カツ（勝つ）」を食べるという方もいらっしゃるかもしれませんが、スポーツ栄養学の観点からは糖質中心の食事がオススメです。トライアスロンやマラソンなどレースが長時間に及ぶ競技の前日には、「カーボパーティー」と呼ばれるイベントが開催されることがあり、参加者はパスタなどを食べながら懇談します。「カーボ」とは「カーボハイドレート（carbohydrate）」の略語で、炭水化物や糖質という意味です。なお、炭水化物というのは、吸収されてエネルギー源となる「糖質」と消化吸収されずにエネルギーとはならない「食物繊維」の総称です。腸の調子を整える食物繊維は重要ですが、試合前の食事ではレース時に直接エネルギー源となる糖質を優先します。糖質はご飯、麺類、パン、いもなどに豊富に含まれています。

「グリコーゲンローディング」を取り入れよう

筋肉に含まれるグリコーゲンは、長時間運動の大切なエネルギー源です。また、血液中のブドウ糖も筋肉に取り込まれてエネルギーとして使用されます。一方、運動時間が長くなると血液中のブドウ糖が次々と筋肉で消費されることから、次第に血糖値が低下します。ブドウ糖は脳のエネルギー源でもありますので、血糖値が低下すると集中力が低下し、瞬時の判断能力も低下します。これを防ぐのが肝臓に蓄積されたグリコーゲンです。長時間運動中に肝臓のグリコーゲンを分解して血液中にブドウ糖として放出することで、血糖値の低下を防いでいるのです（図3－5）。

このように考えると、試合の後半まで動き続ける上で、筋肉と肝臓に多くのグリコーゲン量を蓄積することは有利となります。そこで、筋肉と肝臓でのグリコーゲンの貯蔵量を増やす方法として知られているのが「**グリコーゲンローディング**」と呼ばれる食事法です。この方法は、試合の数日前から糖質を中心としたメニューに切り替え、体内（筋肉、肝臓）のグリコーゲン貯蔵量を一時的に増やして試合当日を迎えるというものです。グリコーゲンローディングが成功すると、筋肉に蓄積されるグリコーゲン量が約

図3-5　長時間運動中における肝臓のグリコーゲンの役割

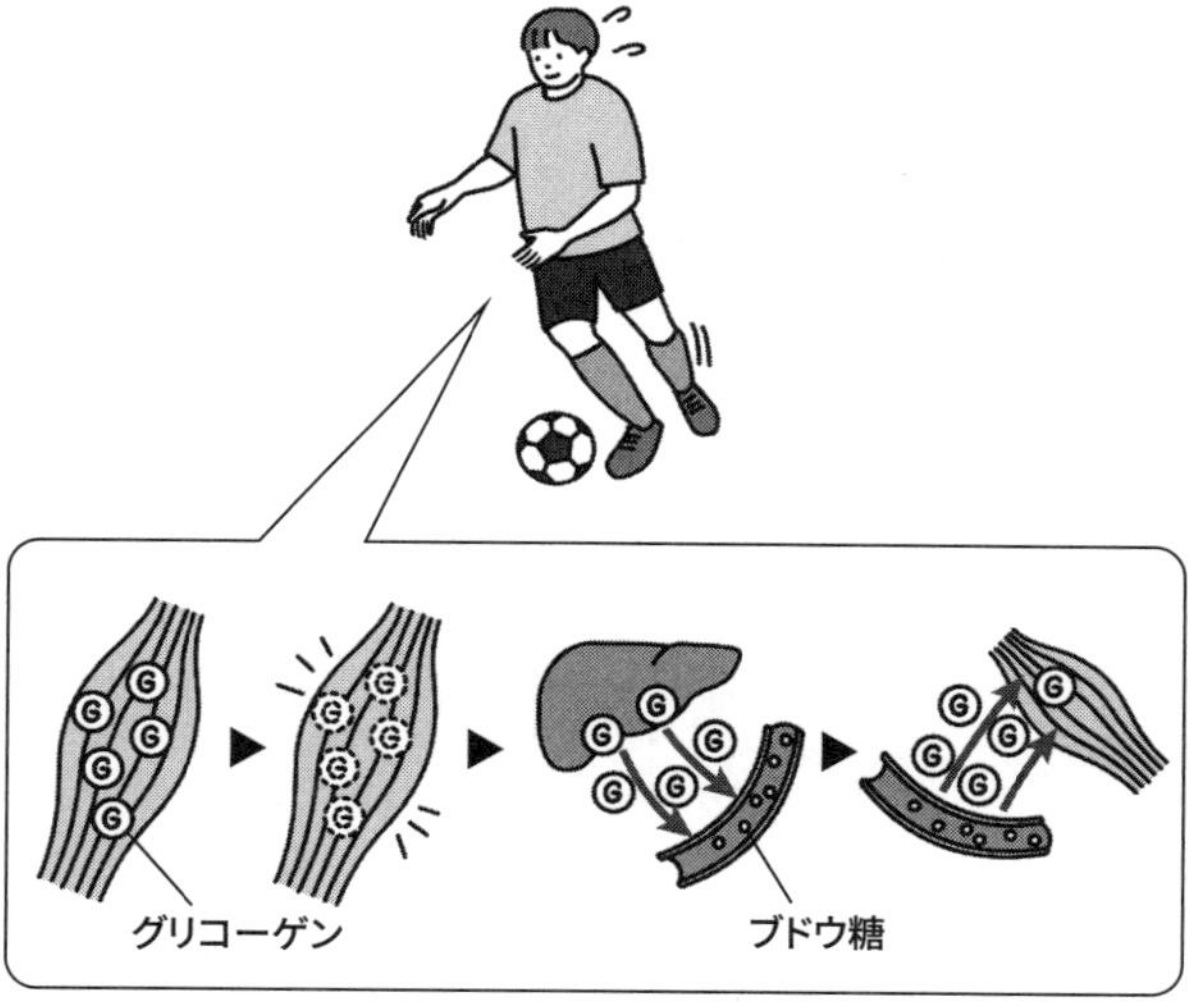

2倍増加するという報告もあります。

グリコーゲンローディングの伝統的な方法では、試合の約1週間前に高強度で長時間運動を実施し、筋肉の中のグリコーゲンを一旦、使い切る（枯渇させる）ことが求められていました。グリコーゲンが枯渇した状態で糖質を摂取し、筋肉や肝臓のグリコーゲン量を一気に増やそうという戦略です。一方、試合の1週間前というと徐々に練習量を減らす時期にあたりますので、このタイミングでグリコーゲンを枯渇させる高強度・長時間運動を行うことは選手への負担が大きいことも事実です。したがって現在では、約1週間前に筋肉のグリコーゲン量を枯渇させることは必須とせず、**試合に向け徐々に練習量を減らす中で、試合の約3日前から糖質の摂取量を増やす方法**が用いられています。

第24講　意外と知らない「プロテイン」の活用法

スポーツ用品店に行くと、様々な種類の粉末タイプのプロテインが並べられています。そのラインアップは実に多彩で、味、使用する目的に応じた複数の商品が陳列されています。

筋力トレーニングを行った後にプロテインを飲む光景は、スポーツの現場ではよく目にするようになりました。筋力トレーニングを実施すると、筋肉の細胞では筋肉づくりのためのスイッチが入ります。また、筋力トレーニング終了後には、血液中のアミノ酸（タンパク質を構成する物質）が筋肉に取り込まれ、筋肉づくりの材料となります。アミノ酸の筋肉への取り込みは、筋力トレーニング終了後2〜3時間で活発となりますので（図3－6）、この時点で、血液中を流れるアミノ酸の量を増やしておかないと、「筋肉づくりの材料が足りない」という事態に陥ります。この点から、筋力トレーニング後、速やかにプロテインを摂取することは合理的です。なお、市販されているプロテインを飲むと、即座に血液中のアミノ酸濃度が上昇するわけではありません。胃を通過し消化され、血液中のアミノ酸が十分に増加するまでには30〜60分程度の時間が必要です。この点をふまえると、**筋力トレーニング後のプロテイン摂取は、運動終了後から60分までには終えたい**ものです。

朝食時にタンパク質を摂取しよう

筋肉でのアミノ酸の取り込み増加は、運動終了後24〜48時間程度まで持続します。このため、筋力トレーニング直後だけでなく、トレーニング翌日も2日後もタンパク質（アミノ酸）は必要です。筋肉では「合成」と「分解」が同時に起きていますが、タンパク質の摂取は「合成」のスイッチを入れてくれます。したがって、プロテインは筋力トレーニング直後だけでなく、トレーニングを行わない日にも摂取して良いのです。

特に、オススメは朝食との組み合わせです。日本人の食事の摂取カロリーは、朝食、昼食、夕食の順に増えることが多いことから、朝食でのタンパク質の摂取量は夕食に比べて少なくなります。しかし、平均年齢が20歳台の若者を対象にした研究では、3食（朝食、昼食、夕食）ですべてタンパク質の摂取量が基準を上回っているグループと比較

図 3-6　筋力トレーニング後における筋肉でのアミノ酸の取り込み量の変化（Phillps ら、1997 をもとに作図）

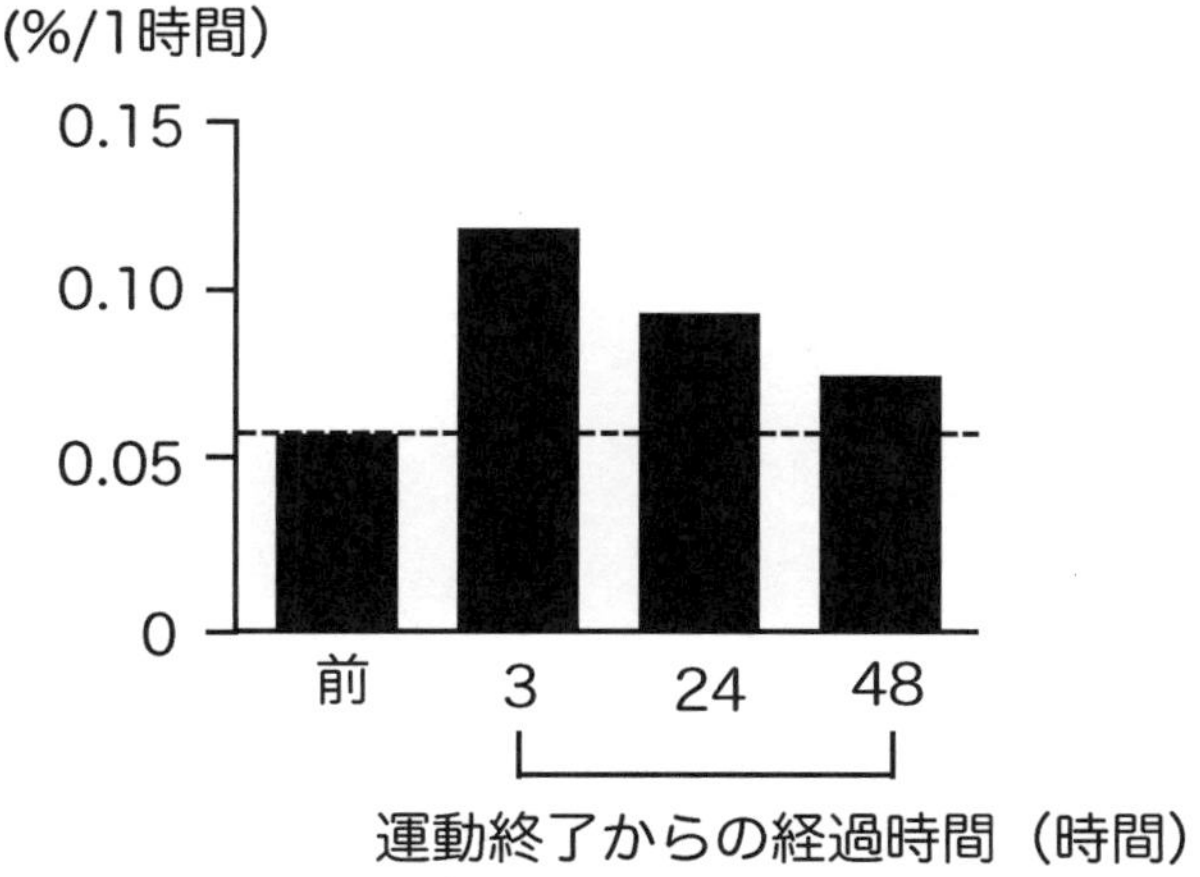

CHECK! このグラフは、1 回の筋力トレーニング前〜終了 48 時間後にかけての筋肉でのアミノ酸の取り込み量の変化を示したものです。筋力トレーニング後 3 時間〜48 時間後（2 日後）にかけてアミノ酸の取り込みが増加し、「筋肉づくり」が活性化している点に注目です。

図3-7　3食でのタンパク質量と全身の筋肉量との関係（Yasuda ら、2019をもとに作図）

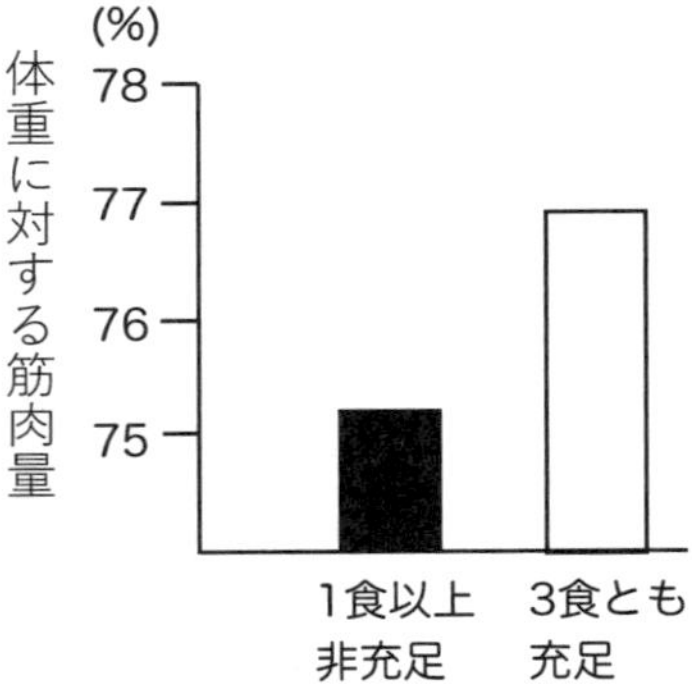

CHECK!
1日あたりのタンパク質の摂取量が推奨量を上回る236名を対象に、「1食につき体重あたり0.24gのタンパク質摂取」を基準値として、3食中1食以上基準値を満たしていないグループ（153名）と3食すべて満たしているグループ（83名）に分類しました。筋肉量を比較した結果、1食以上で基準値を満たしていないグループでは3食すべて満たしているグループに比較して、体重に対する筋肉量の割合の小さいことがわかりました。

して、1食でも基準値を下回っているグループは全身の筋肉量が少ないことが明らかになりました（図3－7）。この結果は、昼食と夕食で十分にタンパク質を摂取しても、朝食での摂取量が不足していると効率よく筋肉量は増加しないことを示しています。なお、この研究で示されたタンパク質の摂取の基準は、体重1kgあたり0・24g、体重65kgの方であれば15・6gです。朝食が食パン1枚のみの場合、含まれるタンパク質は約6・2gですので、15・6gには到底及びません。一方、一食分のプロテイン（15～30g）を水に溶かして飲むことで、10～20g程度のタンパク質を摂取することが可能となり、基準を上回ります。カラダづくりを効率的に進める上でも、「プロテイン＝筋力トレーニング直後」という固定観念にとらわれず、**タンパク質が不足しがちな朝食時には市販のプロテインの力も借りる**など、タンパク質を上手に摂取しましょう。

第25講　練習後の食欲不振を回復する秘策とは?

天気の良い日に屋外でウォーキングを行うと、爽快な気分となります。また、ウォーキング後には食欲がわき、食事も美味《おい》しく感じられます。一方、ハードなトレーニング（運動）を行った後や暑い中での運動後には、身体が水分しか受けつけず、食欲の低下した経験はありませんか？　特に、運動後の栄養摂取はリカバリーの促進に重要ですが、「練習後、食が進まない」悩みを抱えるスポーツ選手は少なくありません。

本来、運動によって消費したエネルギーをその後の食事で摂取するという反応は自然です。それでは、**なぜ運動後に食欲が低下するのでしょうか？**　この理由の一つは、食欲を調節するホルモン量の変化です。胃から放出されるグレリンというホルモンは、脳に働きかけ食欲を増加させます。このホルモンは空腹感と密接に関わり、食事の間隔が空くと増加し、食事によって速やかに減少します。一方、運動、特に、長時間の運動や高強度での運動を行うとグレリンが大きく低下します。このことが原因で「食べることができない」のです。

ここで一つの研究結果を紹介しましょう。大学生12名を対象に、全身の筋群に対する5種目の筋力トレーニングを実施しました。運動前後で採血を行い、血液に含まれるグレリンの量を調べると、筋力トレーニング（筋肥大型による方法）後にはグレリンが大きく減少していました。また、参加者は、運動終了30分後の時点から「心地良い満腹感が得られるまで」食事を摂取しました。その結果、運動を実施しなかった場合に比較して、筋力トレーニングを実施した後の食事では食事量（摂取カロリー）が減少しました。さらに、食事で摂取したカロリーと食事直前のグレリンの量との関係を調べると、食事直前でグレリンが減少していた参加者では、食事量の低下することがわかったのです（図3－8）。

運動後の食欲を回復させるためには？

運動に伴う食欲の低下は、運動を実施する際の環境（温度、酸素濃度など）にも影響されます。特に、気温が高い場合、食欲が大きく低下します。この**原因の一つが、「胃での血流量の低下」**です。運動を行うと筋肉での血流量が増加します。また、暑い環境では発汗を促すために、皮膚表面の血管が拡張し、皮膚の血流量も大幅に増加します。一方、身体全体の血液量は変わりませんので、帳尻を合わせるために、どこかの血液量を「減らす」必要が生じます。この際、削減対象となるのが、「胃」や「小腸」といった消化器の血液量なのです。これらの消化器の血流量が低下することによって、胃からのグレリンの放出が減少します。また、食事に含まれる栄養素は小腸から吸収されますが、小腸の血流量が低下すると普段と比べて栄養の吸収に時間がかかるということもわかっています（運動後のリカバリーに対して、これは不利となります）。

そこで考えられたのは、**運動後に身体を冷却**するという方法です。身体を冷却すると皮膚の血管が収縮し、皮膚の血管を流れる血液量が低下します。したがって、運動後に身体を冷却することで、皮膚の血液量が低下し、「余った血液が胃や小腸に戻され、食欲が回復する」という面白い発想です。実際に、食欲が低下するようなハードな運動後に身体を冷却すると、運動終了30分後から食事を取った際の食事量は増加することがわかりました（図3-9）。身体を冷却する一番簡単な方法は、「涼しい部屋」に移動することです。また、普段よりも水温を下げたシャワーを浴びることも有効でしょう。スポ

図 3-8　筋力トレーニング後における血液中のグレリン濃度および食事量の変化（志村ら、2014 をもとに作図）

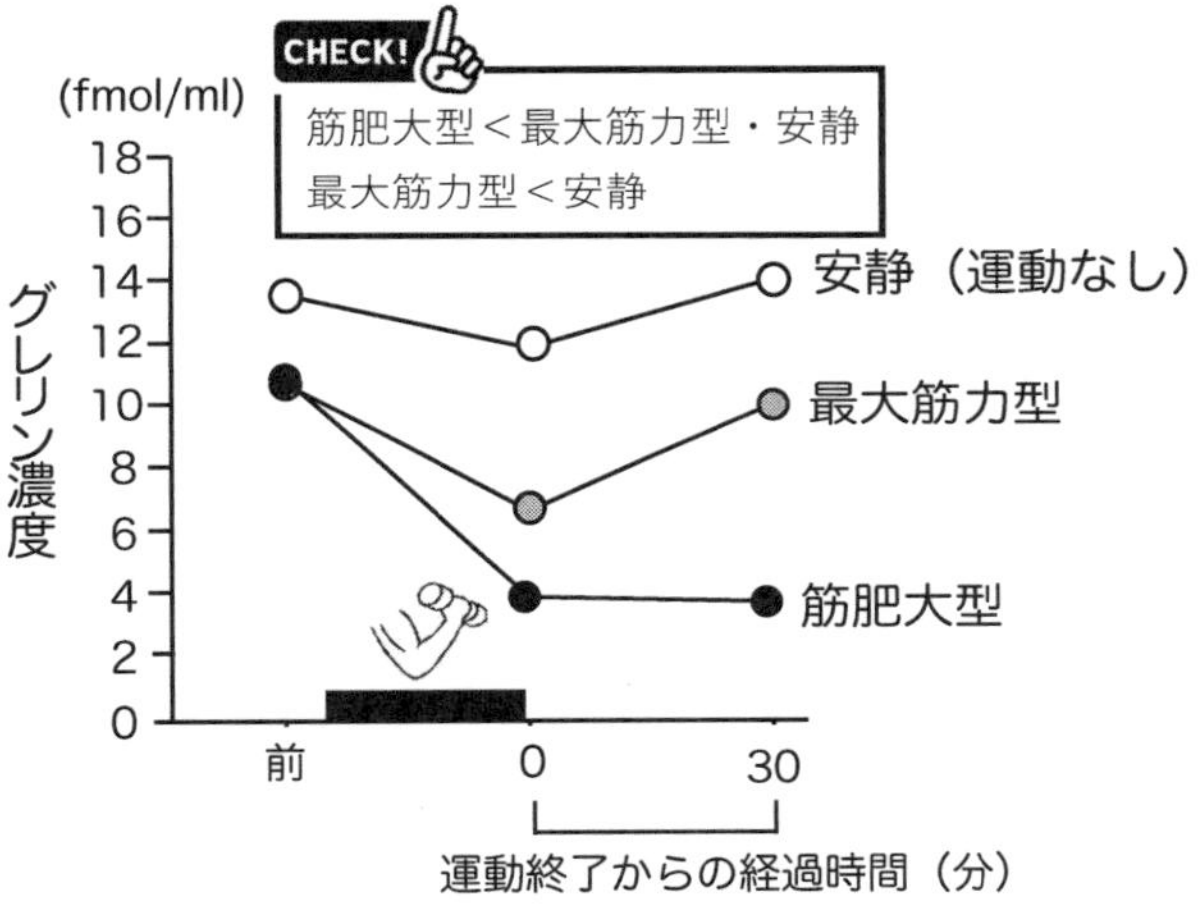

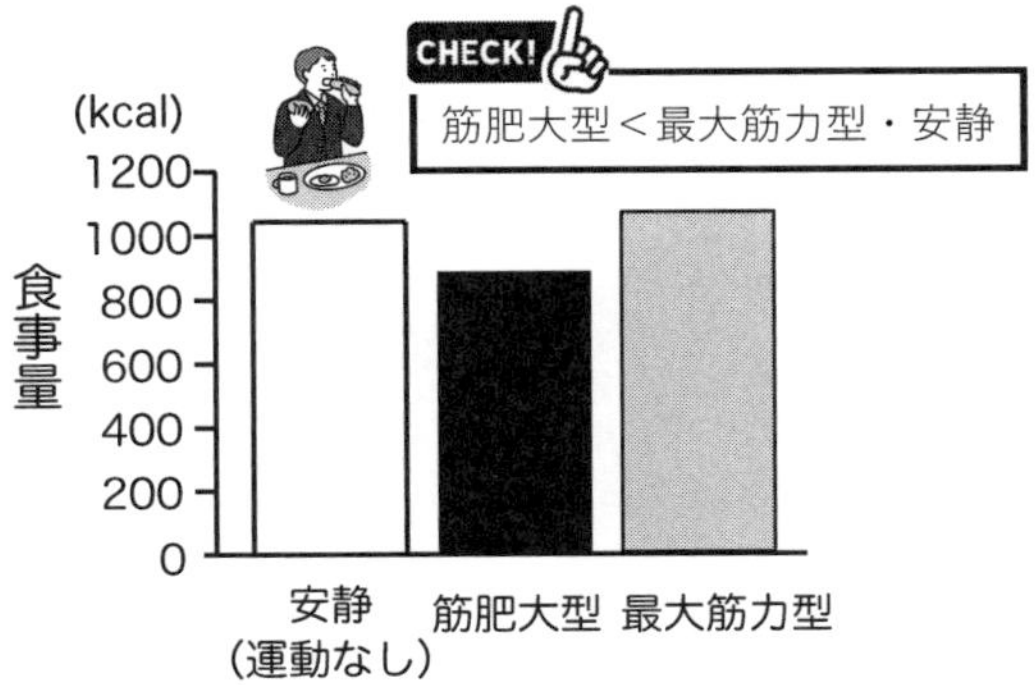

CHECK!　筋肥大型による筋力トレーニングの後には、「お腹を減らすホルモン」であるグレリンが大きく低下し、食事量が減少します。

図3-9　運動後における身体の冷却が食事量に及ぼす影響（Kojima ら、2018 をもとに作図）

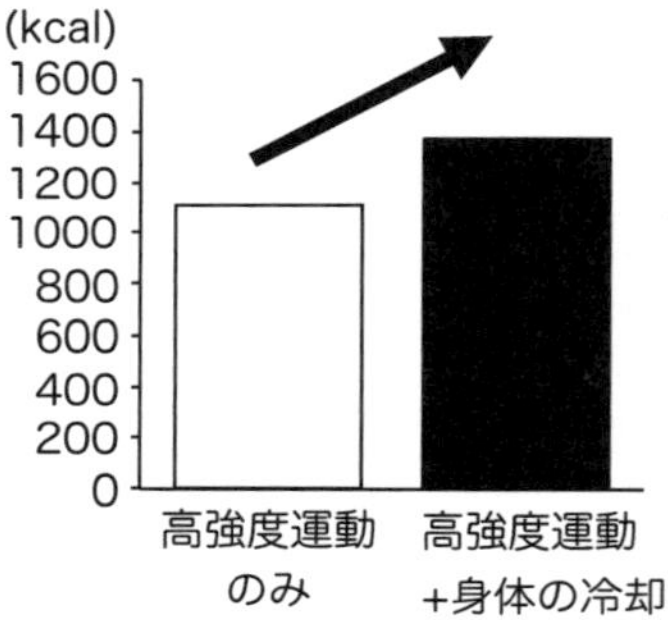

CHECK! 高強度運動後に身体を冷却することで、食事量が平均で約 24% 増加することが明らかになりました。

ーツ現場では、アイスバスと呼ばれる水温10～15℃程度の水風呂を準備することもあります。無理のない方法で身体を冷却し「増加した皮膚の血液量を消化器に戻す」、このような工夫で食欲を早期に回復させることができるのです。

なお、身体の冷却は真夏の食欲減退や夏バテに対する対策としても活用できます。連日、夏場の食事ではエアコンを使い部屋を涼しくし、消化器の血流量が不足することのないようにしたいものです。

第26講　夏場の運動で生じる腹痛の原因は？

ジョギングなどを長時間行うと、吐き気や腹痛、下痢など胃腸の不調に悩まされることがあります。これらは「運動誘発性胃腸症状」と呼ばれ、特に、夏場の運動では発症リスクが高くなります。

なぜ夏場の運動では胃腸症状が起こりやすくなるのでしょう？　この原因の一つは、第25講でもお話しした胃や小腸における血流の低下です。運動中には筋肉や皮膚の血管を流れる血液が増加する一方で、消化器の血流量は大きく減少します。これによって、消化機能が低下し、運動前に食べた食事が消化不良を起こすというものです。また、消化器の血流量が低下した状態での運動によって、小腸細胞で損傷の生じることが知られています。実際に、長時間のランニングの前後で採血を行い、血液の中のI-FABP（腸型脂肪酸結合タンパク質）と呼ばれる物質の量を比較すると、運動後に大きく増加することがわかります。これは、運動によって小腸の細胞が損傷し、本来は小腸細胞の中にある物質（I-FABP）が血液中に流出したことを意味しています。また、小腸細胞の損傷に伴い、摂取した栄養素の消化に時間を要することも示されています。特に、この傾向は暑い環境での運動後に顕著となります。私達の研究室で実施した研究では、普段から運動を行っている大学生11名を対象に、3種類の室温（35℃、23℃、10℃）で60分間の自転車ペダリング運動を行ってもらいました。運動前後で血液中に含まれるI-FABP濃度の変化を比較すると、35℃条件での運動後は他の2条件（23℃、10℃）に比較して値の高いことがわかりました（図3-10）。

また、摂取した栄養素の消化にかかる時間を計測したところ、35℃条件では他の2条件に比較して消化に時間がかかることが示されました。この結果は、暑い環境での運動後には、涼しい環境での運動後と比較して消化や栄養素の吸収に時間がかかることを意味しています。このこともふまえると、暑い環境での運動後にはできる限り速やかに栄養補給を行うことが必要です。このように、**暑い環境での長時間運動は、筋肉だけでなく、胃や腸に対しても大きな負担となる**のです。

図3-10　室温10℃、23℃、35℃ 環境での運動による血液中のI-FABP濃度の変化（Sumiら、2024をもとに作図）

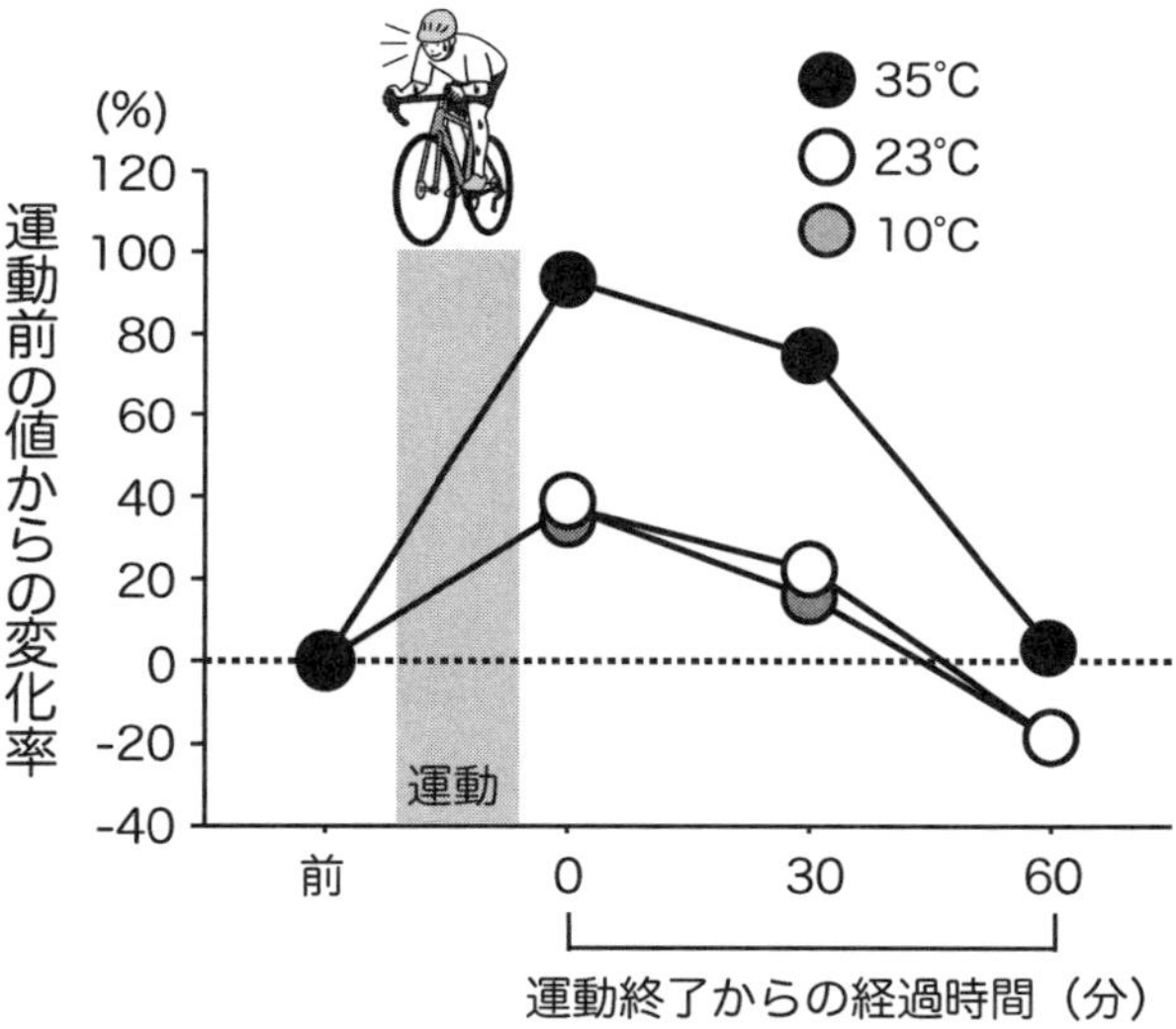

CHECK! この結果は、同じ60分間の運動であっても、暑い環境では小腸がダメージを受けやすいことを示しています。

胃腸も鍛えることが可能です

夏場の運動時に多発する胃腸の不調に対抗する手段として、近年、「**胃腸トレーニング**」と呼ばれる考え方が注目されています。胃腸のことを英語では「Gut」と呼びますので、論文では「Gut training」と表記されています。これは、**普段の運動（練習）前や運動の合間に食事（軽食）を摂取し、運動中の栄養摂取によって消化不良が起きないよう「胃腸を鍛える」**というものです。この際の食事は固形物である必要はなく、スポーツドリンクやエネルギーゼリーで問題ありません。ただし、「カロリーのあること」が条件ですので、「水を飲む」だけでは胃腸を鍛えるトレーニングとはなりません。

胃腸の血流は食事によって増加し、食事を取らないことで低下します。したがって、空腹での夏場の長時間運動では、胃腸の血流が低下しやすくなります。この点から、運動前に消化不良のリスクが低い、少量の食事を摂取することで、胃腸の血流の低下を防ぐ（＝運動中も消化機能を維持する）という発想の転換も必要でしょう。２０１７年および２０１８年にオーストラリアのグループが発表した論文では、運動中に糖質の入ったドリンクを摂取する「胃腸トレーニング」を２週間継続することで、運動による胃腸の不快感や消化速度の低下が改善されたことが示されています。

腹痛や下痢を恐れるあまり、長時間の運動前や運動中に水分やエネルギーの摂取を控える方もいますが、安全性（脱水や熱中症、筋けいれんなどの危険性）や運動パフォーマンスの維持の点からも得策とはいえません。逆に、普段の練習時から栄養素を積極的に摂取する「胃腸トレーニング」を繰り返すことで、筋肉と同様に、胃腸も鍛えることができるのです。

第27講　欠乏しがちな鉄分をいつ摂るか？　最新の栄養戦略

「リカバリー・コンディショニング編（第17講）」において、アスリートにおける鉄不足や貧血の実態、また、「ヘプシジン」というホルモンの影響を解説しました。今回は、最新の研究結果をふまえた、合理的な鉄の摂取タイミングについてお話しします。

鉄不足や貧血を防ぐ上では、食事からの鉄の摂取量を増やすことが何よりも重要です。表2は、日本人における1日あたりの鉄の推奨量を示したものです。中学生や高校生といったジュニア世代では、鉄の摂取量が成人と同様かそれ以上であることに注目して下さい。鉄が多く含まれる食品としては、肉、魚、ほうれん草などがあげられます。このうち、肉や魚など動物性の食品に豊富に含まれる鉄を「ヘム鉄」、野菜など植物性の食品に含まれる鉄のことを「非ヘム鉄」と呼びます。食事から摂取する鉄の体内への吸収率は決して高くなく、ヘム鉄では15～35％、非ヘム鉄では2～20％とされています。ヘム鉄と非ヘム鉄には吸収率に差がありますので、鉄不足や貧血のリスクの高い場合には、ヘム鉄を積極的に摂取することが望ましいといえます。また、鉄の吸収率は食べ合わせによっても影響されます。たとえば、果物や緑黄色野菜などに含まれるビタミンCは、非ヘム鉄の吸収を促進します。逆に、コーヒーや紅茶、栄養ドリンクなどに含まれるカフェインは鉄の吸収を阻害します。したがって、日々の食事では果物や野菜からビタミ

表2　日本人における鉄の推奨量（日本人の食事摂取基準「2020年版、厚生労働省」をもとに作図）

	男性	女性
12〜14歳	10.0	12.0
15〜17歳	10.0	10.5
18〜29歳	7.5	10.5

単位：mg/日

CHECK! 12〜17歳における鉄の摂取推奨量は、18〜29歳と同じかそれを上回る点がポイントです。また、スポーツ選手では発汗によっても鉄を失いますので、上記の推奨量を上回る鉄の摂取が必要です。

ンCを積極的に摂取すること、鉄を多く含む食事の少なくとも1時間前後は、コーヒーや紅茶などの摂取は控えるなど工夫をすると良いでしょう。

オススメは朝食時の鉄摂取

鉄の体内への吸収には、ヘプシジンと呼ばれるホルモンが密接に関わっています。ヘプシジンの量には日内変動があり、**朝は低く、午後から夜にかけて増加する**という特徴があります（図3-11）。また、長時間の運動を行うとヘプシジンは一時的に増加しますが、血液中に含まれるヘプシジンの量を測定すると、午前中の運動後よりも午後の運動後に高くなります。ヘプシジンが増加した場合には、鉄の吸収が低下します。したがって、ヘプシジンが増える前（午前中）に先手をうち、鉄を摂取するという新しい考え方が注目されています。

オーストラリアのグループが実施した研究では、よくトレーニングされた男女のスポーツ選手を対象に、運動2時間後に鉄を多く含む食品を摂取し、その際の鉄の吸収率を測定しました。その結果、運動を行った条件ではヘプシジンが増加し、鉄の吸収率は運

図3-11　1日の中でのヘプシジン濃度の変化（Troutt ら、2012 をもとに作図）

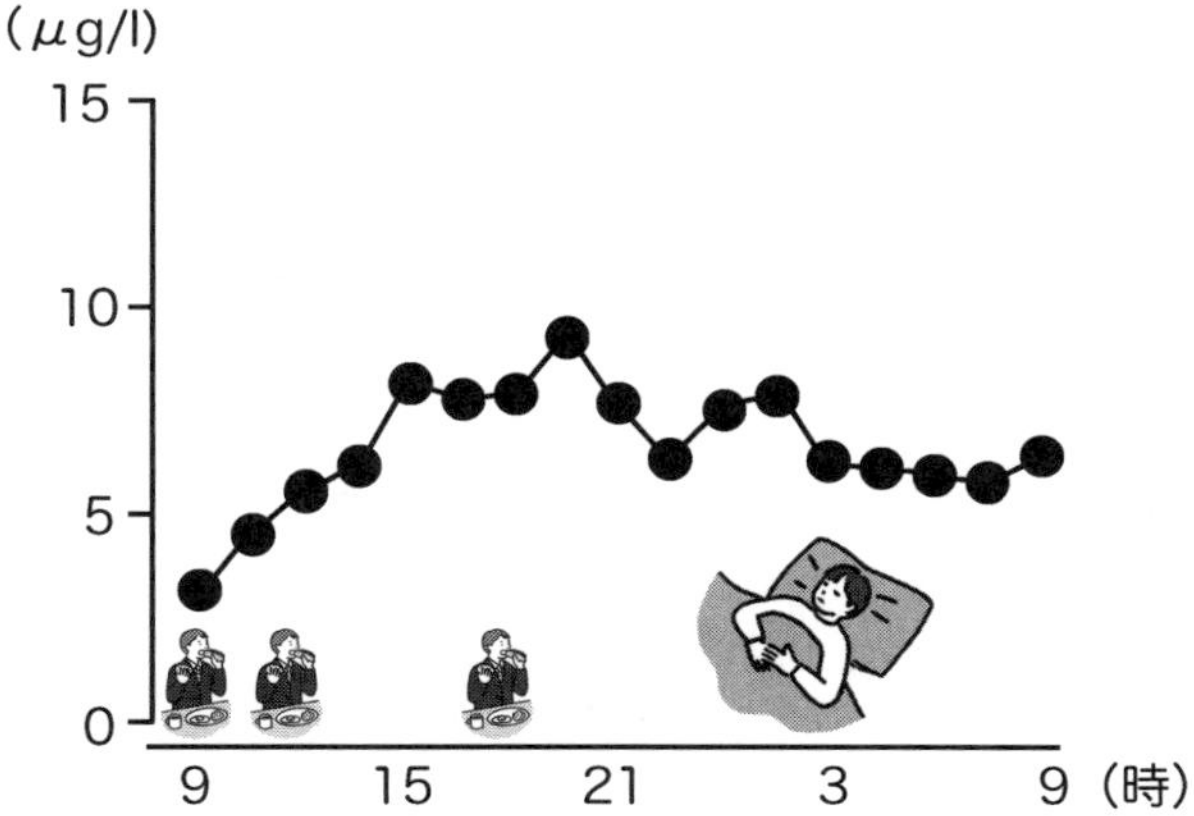

動を行わなかった条件と比べて約36％低下することが示されました。次に、午前に運動をする条件と、午後に運動をする条件で、鉄の吸収率を比較した研究では、午前中に運動を実施した場合の方が鉄の吸収率の高いことがはっきりと示されました（図3－12）。日本人の伝統的な食事では、朝食、昼食、夕食の順に摂取カロリーは増えるとされています。また、鉄を多く含む肉や魚は、夕食時に摂取することが多いでしょう。

一方、最新の知見をふまえると、「**鉄は朝食時に摂取する**」ことが合理的です。朝食を充実させ、朝から鉄、糖質（炭水化物）、タンパク質をしっかりと摂取する、このよ

図 3-12　午前と午後での鉄の吸収率の違い（McCormick ら、2019 をもとに作図）

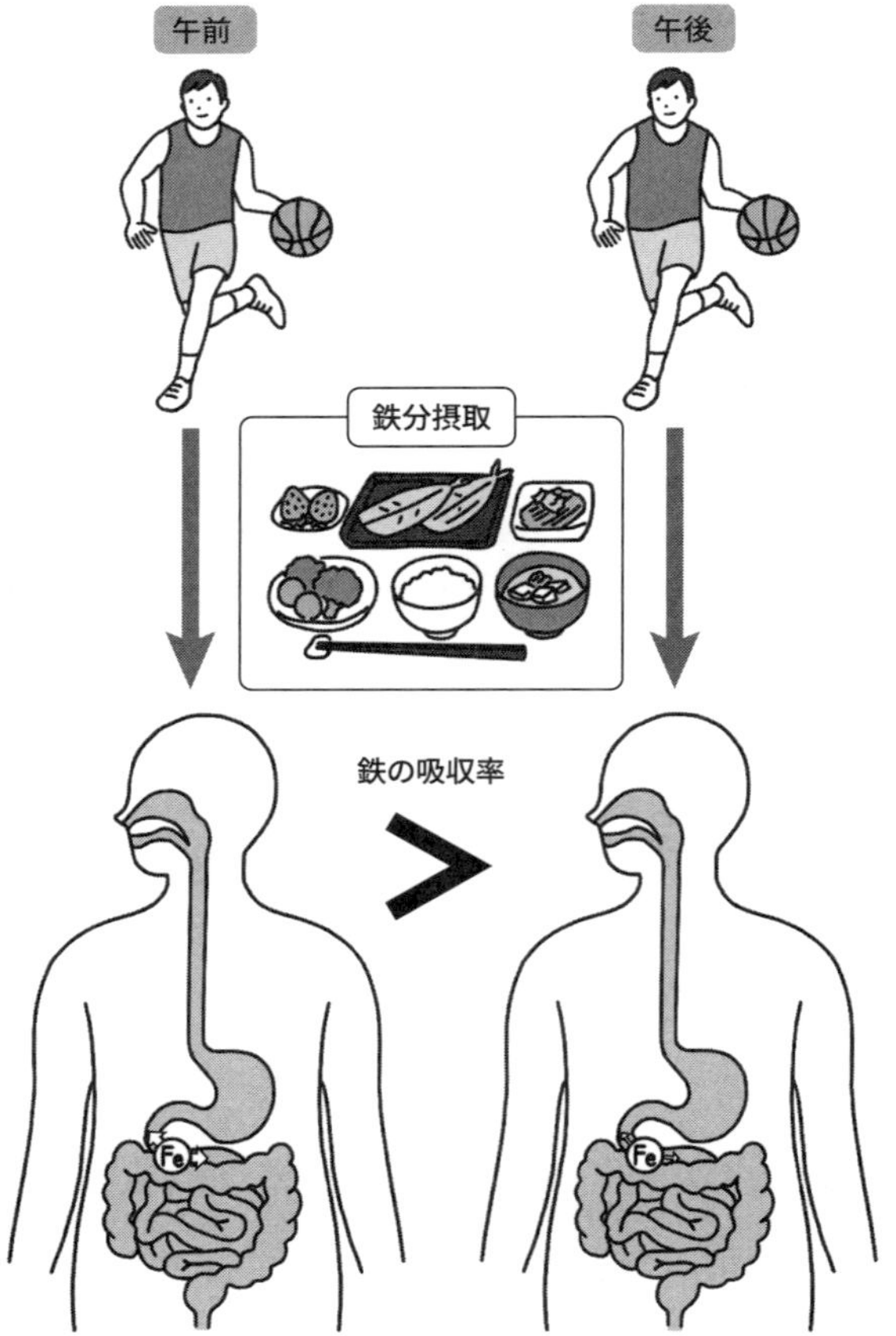

うな日々の取り組みが鉄不足や貧血を防ぐことに繋《つな》がると感じます。そのためには、「夜は早く寝て、朝は早く起きる」生活習慣の定着が必要です。

私が学生の頃には、「鉄をいかにして摂取するか（何を食べると良いのか）」という点のみが強調されていました。しかし、トレーニング科学やスポーツ栄養学の発展によって、「1日の中で鉄をいつ摂取すべきか」という新しい考え方が生まれたのです。

第28講　アスリートにおける糖質ダイエットの効果は？

「糖質ダイエット」という言葉を耳にした方もいらっしゃると思います。また、最近では「ロカボ（低糖質）」と書かれた商品を目にすることも増えました。糖質は運動を行う時に欠かせない、大切なエネルギー源です。一方、糖質の摂取を極度に制限することで体重の減少や、血糖値の低下など健康面での有益な効果を示した研究結果もみられます。

私自身も経験がありますが、糖質制限を行うと比較的短期間で体重が減少します。このことには、筋肉や肝臓に蓄積されたグリコーゲン量の低下が関係しています。食事から摂取した糖質は消化の過程でブドウ糖（グルコース）となり、血液中に移動します。その後、筋肉や肝臓に運ばれて「グリコーゲン」という形で貯蔵されます。グリコーゲンは水と結合する性質があり、グリコーゲン1gは3gの水と結合します（この数値は研究によって異なり、動物実験では1・6〜3・8gという数値が報告されています）。したがって、体内に貯蔵されるグリコーゲン量が増加すると体重も増加します。逆に、極端な糖質制限を行うと、筋肉や肝臓に含まれるグリコーゲンとグリコーゲンに結合する水が減少し、体重も減るのです。したがって、糖質摂取制限では「体重減少＝体脂肪量の減少」ではありません。

糖質制限では、体重減少に加えて脂肪燃焼が増加します。体内に貯蔵されるグリコーゲン量が減少しますので、私達の身体は糖（グリコーゲン）に頼らず、脂肪を使ってエネルギーを産生しようとするのです。一方、これらはあくまで短期的な効果であり、長期間にわたり極端な糖質制限を継続する影響やその安全性は科学的な検証が依然として不足しています。糖尿病治療に携わる医師の間でも、糖質制限の効果に関する意見は一致していません。

アスリートにおける糖質ダイエットの効果

次に、スポーツ選手における糖質制限の効果について考えてみましょう。まず、糖質制限では体重の減少に加え、体内で貯蔵されるグリコーゲン量が減少することで、脂肪燃焼が盛んになります。体内の糖（グリコーゲン）が少ないため、身体は仕方なく脂肪をエネルギー源に利用するという反応です。この場合、同じ内容の練習（長時間のランニングなど）を行った場合にも、脂肪の利用量が増加します。また、長時間運動中の筋肉でのグリコーゲン利用が節約され、脂肪燃焼の能力が向上します。これらは、運動時間が2時間を超えるような長時間の運動では特に有利に働きます。実際に、フルマラソン（42・195㎞）以上の距離を走る「ウルトラマラソン（100㎞マラソンなど）」では、糖質摂取を極端に制限し、脂肪の摂取量を増やした「ケトジェニック食」を普段から摂取するランナーもいらっしゃいます。

一方、通常のスポーツでは、運動時間が2時間を超えることはなく、プレーする際のエネルギー源の主役は「グリコーゲン」です。糖質制限食（ケトジェニック食）が運動パフォーマンスに及ぼす影響を検証した研究は、これまで複数みられます。これらの研究では糖質制限食の摂取によって脂肪の燃焼が増加した一方で、持久性の運動パフォーマンス（レースタイムや酸素摂取量など）は「向上しない」または「低下する」ことが示されました。成功例も含め、様々な情報がインターネット上で散見されますが、少なくとも現時点では、**「糖質制限によって、持久性の運動パフォーマンスが向上する」**と結

論づけることはできません。

極端な糖質制限下でトレーニングを継続した場合、肝臓のグリコーゲン量は減少します。すると、肝臓では鉄の吸収を抑制するヘプシジンの産生が増加します（第17、27講でお話しした内容です）。私の研究室が国立スポーツ科学センターと共同で実施した研究では、陸上競技の長距離選手を対象に、3日間連続でのトレーニングを通常の食事量で

図3-13　持久性トレーニング中の異なる食事量がヘプシジン量に及ぼす影響（Ishibashi ら、2020 をもとに作図）

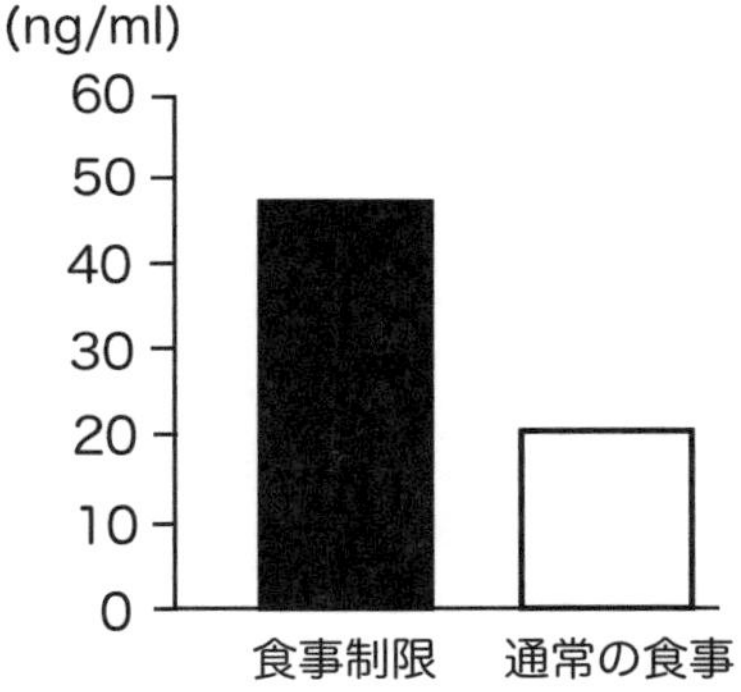

CHECK! 3日間連続の激しいトレーニングを通常の食事条件（平均 3977 kcal/ 日）と食事量を減少させた条件（平均 2071 kcal/ 日）で実施した結果、食事量を減少させた条件でヘプシジンが2倍以上増加することがわかりました。

行う場合と、同じトレーニングを食事量を約半分に減らして行う場合でのヘプシジンの増加量を比較しました。その結果、食事量を減らした場合には筋肉のグリコーゲン量が減少し、ヘプシジンは大きく増加しました（図3-13）。他の研究では、女子大学生を対象に、3日間の糖質摂取制限のみを行った結果、ヘプシジンが何と約3倍も増加しました（図3-14）。また、体内のグリコーゲン量が少ない場合には、運動によって生じる炎症反応が大きくなることもわかっています。これらの点をふまえると、**鉄不足や貧血のリスクが高い選手、成長期のジュニア選手は、極端な糖質摂取制限を控えるべき**です。何らかの理由で糖質制限を行う場合にも、植物や魚などに含まれる脂肪（不飽和脂肪酸）の摂取量を増やし、食事全体で摂取するエネルギー量（摂取カロリー）を大きく減らすべきではありません。

図 3-14　3 日間の食事摂取量の減少がヘプシジン量に及ぼす影響（Hayashi ら、2022 をもとに作図）

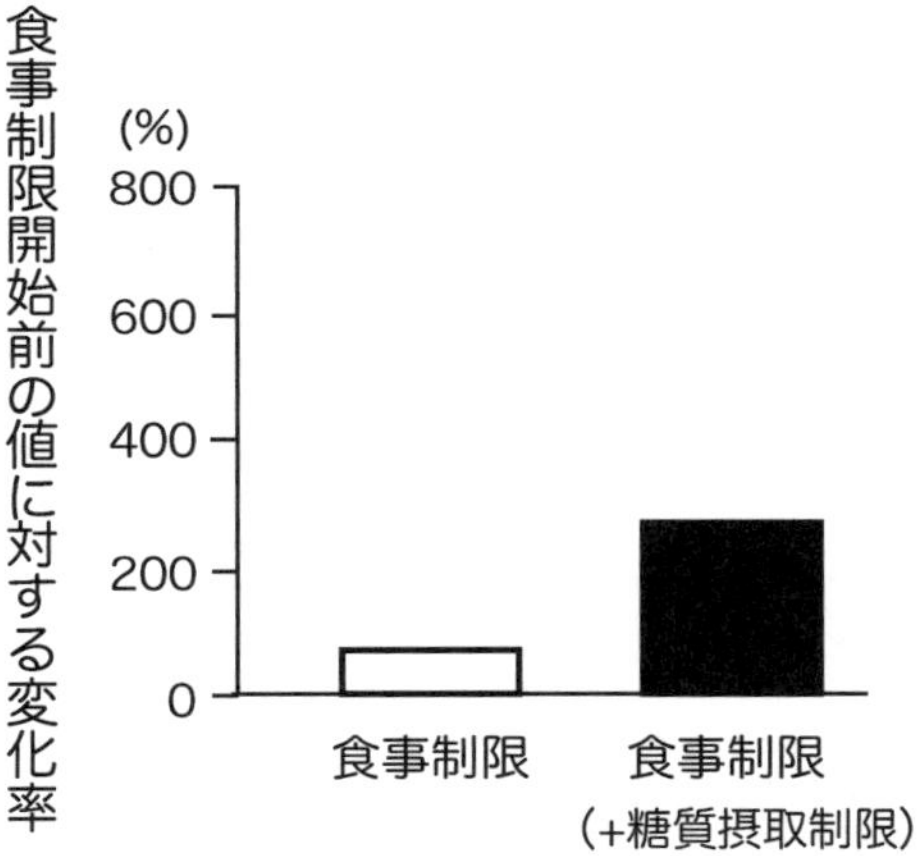

CHECK! いずれのグループも 3 日間連続で食事制限（摂取カロリーを約 1200kcal/ 日に制限）を行いました。また、そのうち 1 つのグループでは、摂取カロリーに加えて、糖質の摂取量を極端に制限しました。その結果、3 日間の食事制限前後でヘプシジン量は増加し、その程度は食事制限（＋糖質摂取制限）グループが約 4 倍大きいことがわかりました。

第29講　暑さ対策にアイススラリーを活用しよう！

暑い中での運動時は、熱中症のリスクが高まります。**熱中症の予防には体温上昇を抑えることが重要ですが、これには水分（冷水）摂取が有効**です。

運動時に身体を冷却する方法は、「外部冷却」と「内部冷却」に分類されます。外部冷却とは、身体の外側から冷却する方法を指し、冷たい風を身体にあてる方法、氷や保冷剤などで首や腋《わき》など太い血管が走っている箇所を冷却する方法などが知られています。また、多くのスポーツでは足の筋肉を使いますので、練習後に氷を使って足の筋肉を冷却する（アイシング）光景も目にします。一方、内部冷却とは、冷たい飲料を摂取し、身体を内側から冷却する方法です。水分摂取は脱水の防止に加え、体温上昇を抑える役割もありますので、常温水よりも冷水の方が良いとされています。また、通常は水の摂取で問題ありませんが、長時間の運動時や発汗量の多い場合には、ナトリウム（塩分）が含まれたスポーツドリンクを選ぶと良いでしょう。発汗量は、運動前後での体重の減少量から推定します。運動中にはこまめに水分を摂取し、運動前後での脱水量（体重の減量率）を体重の2％以内に収めることが目安となります。特に、体重の2％以上の脱水では、1％の脱水につき直腸温（身体の奥側の温度）の約0・3℃の上昇と心拍数の毎分約10拍の増加がみられ、身体への負担が急増します。

練習終了後もこまめに水分を摂取し、翌日の練習開始までに体重を平常時に戻すようにします。日々の体重測定は、練習によって慢性的な脱水が起きていないかをチェックする上でも大切な習慣です。

「アイススラリー」を使ったプレクーリング

運動開始時点で身体の奥側の温度（深部体温）を下げることで、その後の体温上昇を抑制する「プレクーリング」という方法があります。気温が30℃を上回るような酷暑環境で運動を実施すると、体温上昇を完全に防ぐことは困難です。そのため、運動開始前に予め体温を下げておこうという発想です。また、この際のオススメは、「**アイススラリー」の摂取**です。アイススラリーとは液体と細かい氷が混ざり合ったシャーベット状の飲料で、通常の氷よりも結晶が細かい点が特徴です。図3‐15は、暑い環境（室温34

℃）で、ランニングマシンを使って疲労困憊に至るまでランニングを継続した際の深部体温（直腸温）の変化を示しています。運動開始前に冷水（4℃）を摂取した場合に比べて、アイススラリー（マイナス1℃）を摂取した場合には運動開始時点で深部体温が約0・3℃低いことがわかります。また、ランニングでの疲労困憊に至るまでの運動継続時間は、冷水を摂取した場合が平均40・7分であったのに対して、アイススラリーを摂取した条件では約50・2分となり、約10分もの差がみられました。さらに、国内で実施された研究では、アイススラリーの摂取によって脳の温度が低下することも明らかになりました。暑い環境での運動中には脳温も上昇し、これも熱中症の要因となります。

一方、運動前にアイススラリーを摂取することで、脳や直腸などの深部体温を低下させることが可能です。これらは熱中症の予防に加えて、暑い環境での運動パフォーマンスの向上にも貢献します（図3－16）。アイススラリーは練習の合間に簡単に摂取でき、外部冷却の代表であるクライオセラピー（第14講）と違って筋肉の温度が低下しない点もポイントです（筋肉の温度が低下すると、その後のパワー発揮が低下します）。

最新の研究では、アイススラリーの効果の男女差も検討されています。その結果、体

図 3-15　アイススラリーの摂取が暑い環境でのランニング中の深部体温に及ぼす影響（Siegel ら、2010 をもとに作図）

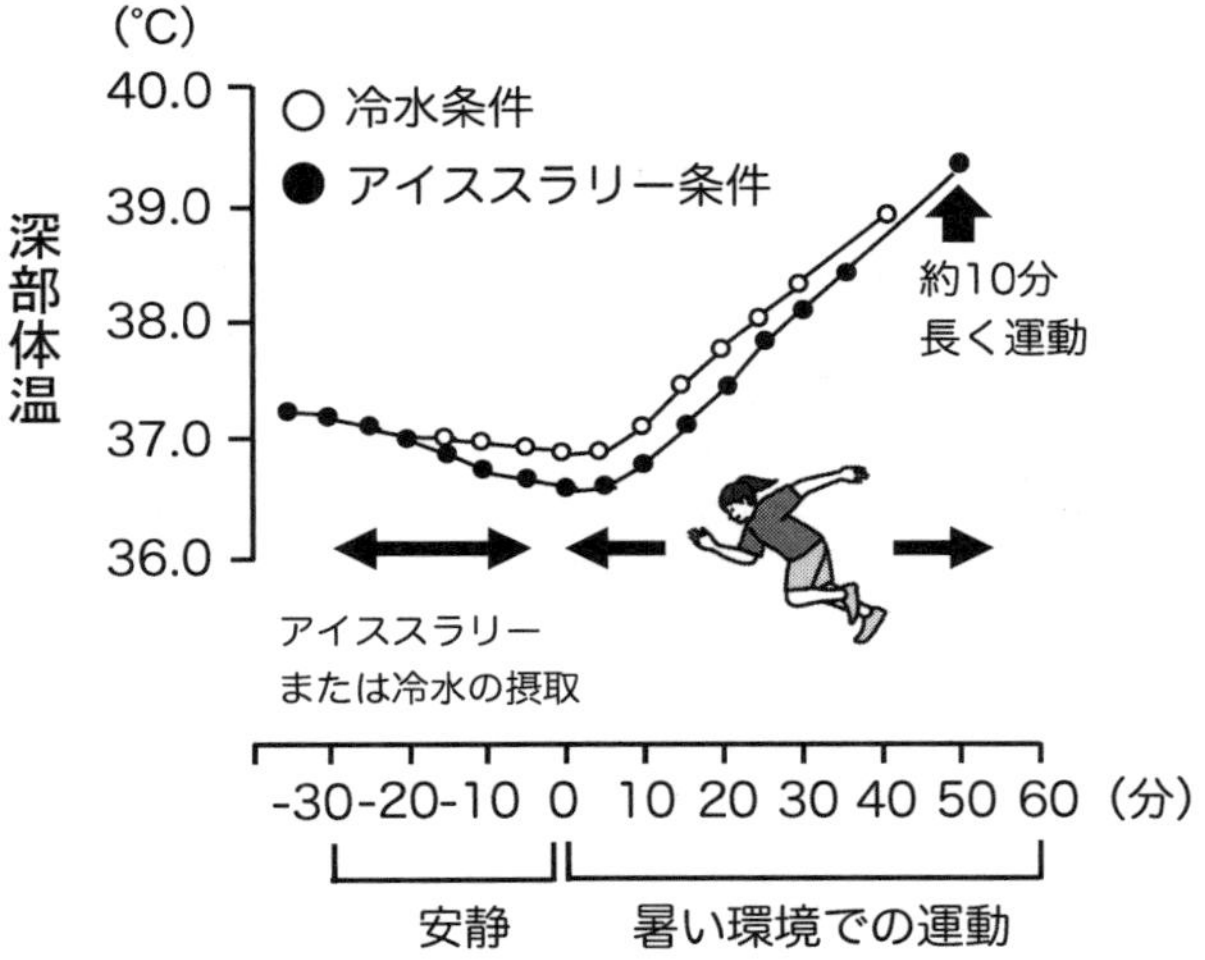

図3-16　暑い環境での運動前のアイススラリー摂取の効果

CHECK! 暑い環境での運動前や運動の合間にシャーベット状のアイススラリーを摂取すると、身体を内部から冷却することが可能です。また、筋肉は冷却されませんので、パワーやスピードが低下する心配もありません。

温低下に対する効果に男女差はみられませんでしたが、運動中の主観的な疲労度の軽減効果は女性の方が大きいことが示されました。また、「暑くて湿度が高い環境」は「暑くて湿度が低い環境」に比べて、アイススラリー摂取の効果が大きいことも明らかにされています。これらをふまえると、真夏だけでなく、湿度の高い梅雨の時期でもアイススラリーの摂取が推奨されます。

アイススラリーは市販されていますが、**凍らせたスポーツドリンクをミキサーで攪拌《かくはん》**し自作することもできます。また、水ではなくスポーツドリンクを用いることで、「身体の内側から冷やす効果」に加え、糖質や電解質（ナトリウムなど）を一緒に摂取することが可能です。これらはスポーツ場面だけでなく、暑い環境での労働やスポーツ観戦の際にも活用できます。「内部冷却」と「外部冷却」を上手に組み合わせ、効率的に身体を冷却しましょう。

第30講　トレーニング科学を学ぶと何が変わるのか？

これまで、トレーニング編（第1～10講）、リカバリー・コンディショニング編（11～20講）、栄養補給編（21～29講）において、合計29のトピックについて解説をしてきました。これらの内容は私の経験や主観に基づくものではなく、トレーニング科学（スポーツ科学）分野で行われてきた国内外の研究結果をふまえたものです。「研究結果」と聞くと、「難しい」というイメージが先行するかもしれません。もちろん、その内容を完全に理解するためには、生理学（筋生理、代謝・内分泌、循環など）や生化学など大学で学ぶ専門的な知識が必要です。しかし、研究から発見された新しい情報は、本来、スポーツ選手のトレーニング、コンディションの向上、怪我予防などにもっと手軽に活用できるはずです。

私は、大学で勤務する研究者の一人です。研究者は研究で得た新しい発見を学術雑誌に論文として投稿し、学会で発表することで学術界に発信しています。一方、この発信のみでは、研究で得られた発見をトレーニングや運動指導の現場に対して十分に伝えることが難しい点を痛感しています。実際に、「研究とスポーツ現場のギャップ」という言葉を私が学生の頃から繰り返し耳にしてきました。それから25年以上が経ちましたが、論文や学会のシンポジウムでは今でも同じ言葉を耳にします。この問題の解決には、「研究者は、得られた研究成果を社会に向けて広く発信する」「スポーツに関わる方々（選手、指導者、保護者など）がスポーツ科学に関する最新の情報を積極的に取り入れる」という双方向のアクションが必要です。

トレーニング科学を学ぶと、モノの見え方が変わります。もちろん、長年にわたる指導経験や伝統、自身の成功体験を通して得た「ノウハウ」は貴重です。しかし、これらの「ノウハウ」は時間をかけ、成功と失敗を繰り返しながら得られるものです。一方、中学、高校、大学など、限られた期間でスポーツに取り組む当事者からすると、「失敗を少なくする」ことが何よりも重要です。合理性を欠いたトレーニングによる競技パフォーマンスの伸び悩み、オーバートレーニングによる競技からの離脱などは、本当に勿《もっ》体《たい》ないと言えるでしょう。また、個々の指導者や選手自身が経験できることには限りがあり、「同じ選手に対して、幾つかのトレーニング方法を順に試し、その中で最も効果のある方法を最終的に選択する」というアプローチは現実的ではありません。ここで活用していただきたいのが「研究成果」なのです。トレーニング科学分野では毎月、新しい論文が発表されています。これらの研究は、緻密にコントロールされた環境で実施されたものです。また、学術雑誌に掲載される論文は複数の研究者によって厳格な審査（査読）を受けていますので、信頼性に優れます。したがって、研究結果を利用することで、「あるトレーニング（練習）を行うことで身体の中で起こる生理反応」や「そのトレーニングを継続した際に得られる長期効果」を予想することができるのです。それによって、**「誤ったトレーニング」「不適切なトレーニング」を取り除き、「失敗のリスク」を減らす**ことができるはずです。すべてが順風満帆な状況であれば、何も変える必要はありません。一方、1つでも問題（課題）を抱えているのであれば、何かを変えるチャンスです。長年継続した考え方、行動、習慣を変えることには勇気がいりますが、その際、「科学（研究成果）」が私達を後押ししてくれるはずです。

スポーツ好きな小学生からスポーツ競技と学業を両立する大学生スポーツ選手、社会人の選手、そしてオリンピック出場を目指すトップアスリートまで、トレーニング科学はあるゆる年代、あらゆるレベルのスポーツ選手に役立つものです（この本では取りあげていませんが、健康増進にも大いに役立ちます）。また、教育現場で仕事をする立場では、指導者から指示された練習に黙々と取り組むだけでなく、客観的なデータをもとにトレーニングや食事、睡眠の状況を自身でチェックし、日々の行動に反映させる「自己管理のできるアスリート（スポーツ選手）」を増やさなければいけません。このような取り組みが広がることで、「研究とスポーツ現場のギャップ」という言葉を耳にすることがなくなるものと信じています。

あとがき

第1講〜第30講までの「最新のスポーツ科学の旅」はいかがだったでしょうか？　トレーニング、リカバリー・コンディショニング、栄養補給に活用できるヒントは得られたでしょうか？

本書は、私が大学で担当する「トレーニング科学」の講義を土台に、幾つかのトピックや説明を追加した上でまとめたものです。スポーツ科学の研究の発展はめざましく、毎年新しい発見が次々と報告されています。また、テクノロジーの進化に伴い、実験で使用する測定機器も高機能化・小型化・無線化されました。たとえば、ランニングマシン上でランニングを行う実験では、小さなセンサを腕や脚に貼ることで、体内のブドウ糖濃度、体温、筋肉の中の酸素量や筋肉の活動レベルを離れた所から測定しています。また、睡眠中の脳波などのデータ解析には、ＡＩ技術を使用することも増えています。このような状況において、常にアンテナを張り、新しい情報・技術を取り入れる姿勢が研究者としての成長には欠かせません。

スポーツの世界においても同様です。第20講や第30講で取りあげた通り、新しい考え方やテクノロジーを積極的に導入し、より良い「トレーニング」「リカバリー・コンディショニング」「栄養補給」を探究する姿勢が求められています。その際、「最新の科学」を上手に活用することが、最短距離での目標達成には有効です。すべてを変える必要はありません。「良いモノは残す」、けれども「変えるべきモノは変える」といった柔軟な姿勢が必要でしょう。

スポーツ科学の発展は、トップレベルのスポーツ選手の競技力向上に間違いなく貢献しています。その一方で、部活動に取り組む中学生〜大学生において、「怪我《けが》やコンディション不良によってスタートラインに立つことができない」事例が多数あることも事実です。「思うように競技力が伸びない、けれどもどうして良いかわからない」「過度な練習や食事制限によって疲労骨折を繰り返す」「トレーニングによって疲れ切ってしまい、大好きだった競技をあきらめた」このような事例をどうすれば減らせるのでしょうか？

私は、スポーツ科学の重要な貢献の一つが「誤ったトレーニング」や「不適切なトレーニング」を取り除き、「スポーツ選手を守る」ことだと考えています。この点から本書のタイトルには、あえて「競技力向上」という言葉を使いませんでした。この本を通してお伝えした内容が、「競技力向上」だけに留《とど》まらず、「怪我やオーバートレーニングの予防」「スポーツ科学の知識をもとにトレーニングや休息を考える選手・指導者の育成」に役立つと信じています。

最後に、本書の出版に関わり、筑摩書房の鶴見智佳子さんに深く感謝いたします。「自分が教えるトレーニング科学を社会に発信したい」という長年の想《おも》いに対して、鶴見さんからの1通の手紙が執筆に向けた時計の針を動かしました。大学教員としての仕事と並行した作業でしたが、「この内容を少しでも早く世の中に発信したい！」「スポーツに取り組む子ども、指導者、親に読んで欲しい！」という想いを共有し、執筆を進めることができました。また、本書の中で随所に登場するイラストは、豊岡絵理子《とよおかえりこ》さんに描いていただきました。難解な情報も多かった中で、イラストを用いることでわかりやすく伝えることができました。

本書には、私自身がこれまでに取り組んだ研究結果も多数含まれています。研究者としての基礎をご指導くださった高松薫先生（筑波大学名誉教授）、大学院修了後の研鑽《けんさん》の場を設けてくださった石井直方《いしいなおかた》先生（東京大学名誉教授）、「運動と睡眠」という新しい分野への挑戦の道を開いてくださった内田直《うちだすなお》先生（早稲田大学名誉教授）に改めて感謝申し上げます。そして、2010年以降、立命館大学スポーツ健康科学部において研究・教育に取り組む中で、素晴らしい学生や同僚の先生との出会いがありました。特に、研究室に所属するメンバー（研究員、大学院生、学部生）の熱心な研究活動がなければ、本書の執筆は実現しませんでした。また、スポーツ活動に真摯に取り組む選手や指導者との交流は、私にとって最高の学びの場であり財産になっています。皆様に、感謝の意を表します。

間もなく、オリンピック・パラリンピックがパリで開催されます。テレビで見る一流スポーツ選手に憧れ、より一層熱心にスポーツに取り組まれるお子様も増えるでしょう。「たくさん食べ、しっかり眠り、ココロもカラダも元気な状態で強くなる」、本書がそのお役に立てることを、心より願っています。

２０２４年7月25日

後藤一成

なお、本書で参考にした論文や参考図書は、
https://www.chikumashobo.co.jp/product/9784480684950/
をご覧ください。

ちくまプリマー新書 468
最新《さいしん》のスポーツ科学《かがく》で強《つよ》くなる!

二〇二四年九月十日　初版第一刷発行

著者　後藤一成（ごとう・かずしげ）

装幀　クラフト・エヴィング商會
発行者　増田健史
発行所　株式会社筑摩書房
東京都台東区蔵前二-五-三　〒一一一-八七五五
電話番号　〇三-五六八七-二六〇一（代表）
印刷・製本　株式会社精興社

ISBN978-4-480-68495-0 C0275　Printed in Japan

乱丁・落丁本の場合は、送料小社負担でお取り替えいたします。

イラスト　豊岡絵理子